COLLECTION
Fifty Fathoms
BLANCPAIN
Fifty Fathoms
300m/1000ft
JB 1735
BLANCPAIN
MANUFACTURE DE HAUTE HORLOGERIE
RAISE AWARENESS,
TRANSMIT OUR PASSION,
HELP PROTECT THE OCEAN
www.blancpain-ocean-commitment.com
MAXIMILIANSTRAßE 14 · 80539 MÜNCHEN · +49 (0) 89 2323 96 88 451
BLANCPAIN.MUENCHEN@SWATCHGROUP.COM
©Photograph: Laurent Ballesta/Gombessa Project

Liebe Leserin,

lieber Leser,

gerade, als meine Zuversicht schwand, lichtete sich nach und nach der Nebel und gab den Blick frei auf die ersten großen Eisberge der Diskobucht. Je näher wir uns dem Jakobshavn-Gletscher mit dem Schiff näherten, desto majestätischer und zahlreicher wurden sie. Am Ende des Tages, kurz vor Mitternacht, glitten wir, mit ausgeschaltetem Motor, in absoluter Stille, an Hunderten riesigen, in der Mitternachtssonne erstrahlenden Eisbergen entlang.

Doch solche Momente der Vollkommenheit bergen auch eine Schattenseite. Von dem Gletscher, Teil des riesigen Grönländischen Eisschilds, lösen sich in einem Jahr bis zu 35 Milliarden Tonnen Eis, mit steigender Tendenz. Allein die Fließgeschwindigkeit des Gletschers verdreifachte sich in den letzten 20 Jahren auf 17 Kilometer im Jahr. Er gleitet immer schneller auf dem zunehmenden Schmelzwasser, das wie ein Schmiermittel wirkt. Denn die fast unvorstellbaren Massen des Eispanzers über Grönland, bis zu drei Kilometer dick, 2500 Kilometer lang und mit einem Volumen von 2,9 Millionen Kubikkilometern, schmelzen aufgrund des Klimawandels rasant, mit dramatischen Folgen für die gesamte Erde (Seite 68).

Die gewaltigen Ausmaße und die lebensfeindlichen Umstände Grönlands regten auch die Fantasie von Entdeckern an. Als am 26. September 1888 – nach fast zwei Monaten und 600 Kilometern über fast 100 Meter tiefe Gletscherspalten, mit tosenden Stürmen bei minus 45 Grad Celsius – sechs Männer unter der Leitung Fridtjof Nansens den Eisschild erstmals zu Fuß überquerten, besiegelte diese Leistung seinen legendären Ruf als wichtigster Polarforscher seiner Zeit (Seite 72).

Nansens heutige Kollegen wie Jørgen Peder Steffensen erforschen die noch viel weiter zurückliegende Vergangenheit. Mittels Eiskernbohrungen blicken sie regelrecht in die letzten 10 000 Jahre und finden so Hinweise auf die Punischen Kriege oder die Antoninische Pest und leider auch Beweise für den dramatischen Klimawandel (Seite 58).

Lebensfeindlich und zugleich lebensnotwendig und von unfassbarer Schönheit und Erhabenheit – der Grönländische Eisschild ist weit weg. In der vorliegenden Ausgabe bringen wir ihn Ihnen hoffentlich etwas näher.

Viel Spaß beim Lesen wünscht Ihnen

Nikolaus Gelpke

Inhalt

Report: Terror gegen schwule Männer in Mussolinis Italien

Politik: Geheimsache – urlaubende US-Soldaten 1945 auf Hawaii

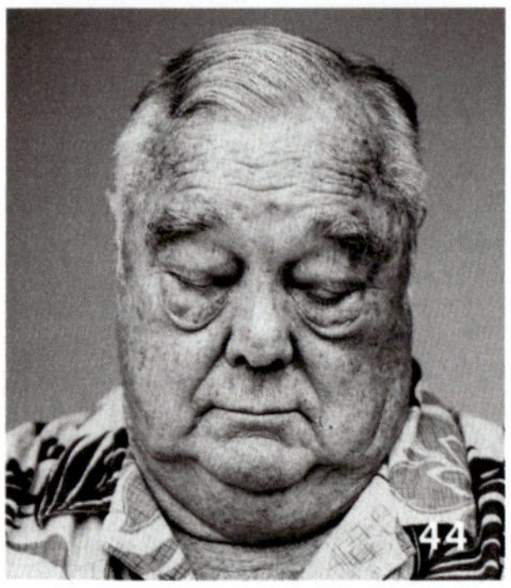

Leben: In memoriam Greg Noll – Pionier des Big-Wave-Surfens

Leben: Höchststrafe für renitente Seeleute an Bord – das Kielholen

Titel: Ein beredter, ein schwindender Gigant – der Grönländische Eisschild

Kultur: In São Tomé hilft Theaterkultur gegen das koloniale Trauma

Kultur: Gefühl und Leidenschaft – Eleonora Duse und das Meer

Titelbild

Seit 2007 dokumentiert der US-Fotograf und Geowissenschaftler James Balog im Rahmen seines Projekts „Extreme Ice Survey“ das Schwinden des Eises auf der Erde. Den Schmelzwasserfluss Birthday Canyon in Grönlands Eisschild fotografierte er 2009.

Der mare-Report

Politik

Leben

Wissenschaft

Titel Grönländischer Eisschild

RUBRIKEN

Übrigens: *Ein schöner (Heft-)Rücken kann auch entzücken. Ein Fisch ist ein Fisch ist ein Fisch …*

1 **YUCATÁN**
Gegenwart und Geschichte: Wo heute alljährlich amerikanische Studenten beim Springbreak das Komasaufen trainieren, war seinerzeit für Dinosaurier und Konsorten die Party ziemlich schlagartig vorbei.
Seite 124

2 **WASHINGTON, D.C.**
Alles auf eine Karte zu setzen hat Millionen gekostet, war aber nachdrücklich erwünscht. Dass aus der Gewinnübergabe ein Staatsakt wurde, scheint da nur recht und billig.
Seite 114

3 **AMERALIKFJORD**
Den Boden, den sie wieder unter ihren Füßen hatten, haben sie nicht übers Wasser erreicht. Oder eigentlich schon. Sollte es jemals ins Fließen kommen, hilft Beten vermutlich auch nichts mehr.
Seite 72

4 **ISLE OF MULL**
Die meisten Menschen sammeln Muscheln am Strand, vielleicht auch, weil sie sich leicht in die Hosentasche stecken lassen. Hohe Kunst wiegt schwerer, ihre Inspiration auch.
Seite 30

5 **AMSTERDAM**
Wer hat's erfunden? In diesem Fall die Niederländer, und wir reden leider nicht von Nettigkeiten wie Holzschuhen, mittelaltem Gouda oder Koffieshops.
Seite 52

6 **KEMNAT**
Wenn einer das Meer mit der Alb tauscht, dann muss es Liebe sein. Aber wenn die durch den Magen geht, dann nehmen wir doch lieber Matjes.
Seite 56

7 **LINZ**
Der Hubschrauber, der die Herren von Oberösterreich nach Norddeutschland gebracht hat, fliegt unbemannt vorzugsweise dahin, wo der Wind weht. Am liebsten wäre ihnen, sie würden ihn gar nicht mehr sehen.
Seite 110

8 **VENEDIG**
Es dauert oft ein halbes Leben, bis frau begreift, dass sie Bekanntschaften im Morgengrauen nicht zu euphorisch begegnen sollte. Die Dame war wohl noch nicht so weit.
Seite 94

No. 148 mare Die Schauplätze

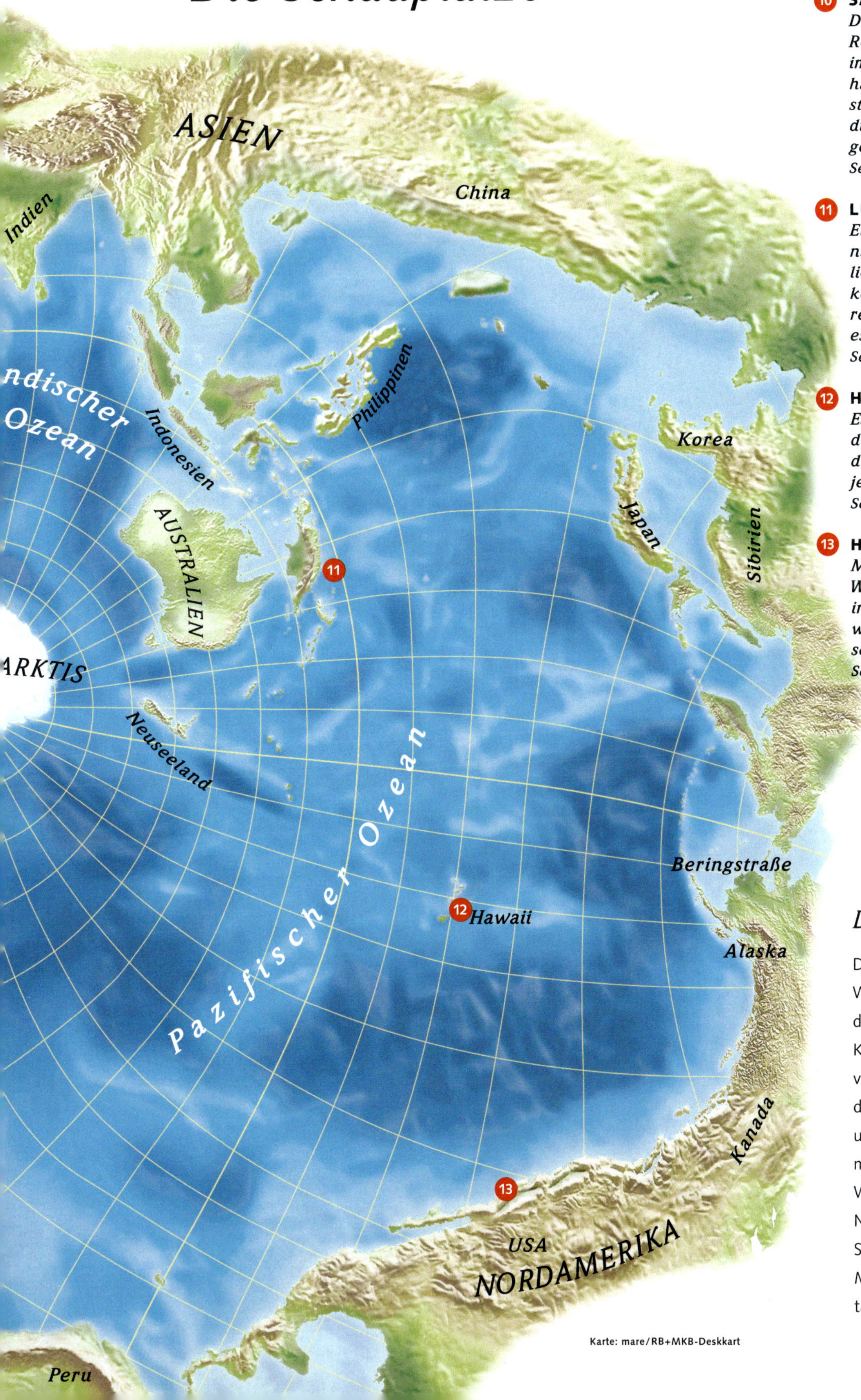

Karte: mare/RB+MKB-Deskkart

9 SAN DOMINO
Die Geister derjenigen, die sie dorthin verbannten, waren so klein wie die Insel selbst. Der angeblich so große Rest der Welt aber war für die Männer das schlimmere Gefängnis.
Seite 12

10 SÃO TOMÉ
Der Herzog hatte eine weite Reise gemacht und blieb für immer. Was das zu bedeuten hatte, haben viele nicht verstanden. Am allerwenigsten die, zu denen er ursprünglich gehörte.
Seite 82

11 LUF
Ein Schiff wird kommen – und nichts bringen außer schrecklichen Geschichten, die lange keiner hören wollte. Ob es reichen wird, wenn jeder, der es sieht, nun daran denken soll?
Seite 106

12 HONOLULU
Es gibt kein Bier auf Hawaii? Das dürfte wohl die größte Lüge sein, die sich deutsche Schlagertexter jemals ausgedacht haben.
Seite 32

13 HERMOSA BEACH
Mit den Brettern, die für ihn die Welt bedeuteten, ritt er nicht immer auf derselben Welle. Aber wenn er es tat, war die Zeit auf seiner Seite.
Seite 44

Die mare-Weltkarte

Der Versuch, den Globus auf eine Weltkarte zu projizieren, quasi die Quadratur der Kugel, ist ohne Kompromisse zum Scheitern verurteilt. Und so sind es stets die Meere, die auseinandergerissen und verzerrt dargestellt werden. mare beschreitet mit seiner Weltkarte den umgekehrten Weg: Nach einer Projektion von Athelstan Spilhaus präsentieren wir die Meere und ihre Küsten so, wie sie tatsächlich zusammenhängen.

Das blaue Telefon

Ihre mare-Hotline in die unerforschten Weiten und Tiefen der Meere

Ihre maritimen Fragen können Sie per Telefon (0800/218 218 2, gebührenfrei) oder E-Mail (wat@mare.de) stellen. Es antworten Ihnen Ulrike Prange und Simon Wett von MARUM, Uni Bremen, und Matthias Brenner vom Alfred-Wegener-Institut in Bremerhaven.

Was ist grüner Kaviar?

Aus einer Frage an die mare-Redaktion

Im Gegensatz zu rotem oder schwarzem Kaviar, bei dem es sich um Fischeier handelt, ist grüner Kaviar eine Makroalge. Sie trägt den lateinischen Namen *Caulerpa lentillifera* und ist in Europa noch nicht lange bekannt – als Nahrungsmittel entdeckt wurde die Alge zuerst in den Philippinen. In Vietnam wird sie seit etwa zehn Jahren angebaut und vor allem nach Japan exportiert. Von Geschmack, Form und Konsistenz erinnert die Alge an Kaviar. „Es ist nicht nur ein Ersatzprodukt, sondern vielfältig einsetzbar und sehr lecker", sagt Lara Stuthmann vom Leibniz-Zentrum für Marine Tropenforschung in Bremen, die die Ökologie und Physiologie der Alge im Labor und bei Feldstudien erforscht. Die kleinen Kugeln, die auch Meerestrauben genannt werden, seien salzig, knackig, erfrischend und ansprechend. „Lecker sind andere Algen auch, aber diese hier muss man nur waschen und kann sie dann gleich essen, zum Beispiel in einem Salat." Auch in Deutschland können Gourmets die Meerestraube in Fischgeschäften finden, allerdings oft in dehydrierter Form. So wird die Meerestraube haltbar gemacht. In Asien haben Algen einen festen Platz im Kühlschrank, egal, in welcher Form. Durch die nachhaltige Produktion und ihren hohen Nährwert könnten sie aber auch hier zu einer echten Nahrungsergänzung werden.

Die Meerestrauben-Alge schmeckt ähnlich gut wie Kaviar, ist gesund und nachhaltig herzustellen

Bei einem Spaziergang am See haben wir eine Muschel gesehen. Kann man sie essen?

Luke, sechs Jahre, Bremen

Teich- und Flussmuscheln sind grundsätzlich essbar und wurden früher auch von Menschen verzehrt. Wobei es eher ein Essen war für die, die sich kein Fleisch oder Fisch leisten konnten. Heute stehen alle heimischen Süßwassermuscheln unter Schutz. Insbesondere die Flussmuscheln sind auf der Roten Liste der bedrohten Arten, weil viele Flüsse zu Kanälen umgebaut wurden und die Wasserqualität zu schlecht wurde für die empfindlichen Flussmuscheln. Matthias Brenner, Meeresbiologe im Alfred-Wegener-Institut in Bremerhaven, weiß es genauer: „Die Muschel, die du gesehen hast, ist wahrscheinlich eine der noch etwas häufigeren Teichmuschelarten. Auch sie sind geschützt und dürfen nicht aus dem Gewässer entnommen werden, auch nicht zum Essen. Aber wahrscheinlich verpasst du geschmacklich auch nichts. Denn in der Regel schmecken Muscheln stark nach dem Gewässer, aus dem sie stammen. Bei einer Flussmuschel aus einem klaren Fließgewässer ist das vielleicht kein Problem, aber Teichmuscheln werden wohl immer etwas modrig daherkommen. Deswegen hältert man sie zum Essen auch ein paar Tage in frischem Wasser und wartet, bis alles, was sie im Teich gefuttert haben, den Darm verlassen hat. Aber sie schmecken nicht nur nach dem Gewässer, in dem sie leben, sie spiegeln auch den Schadstoffgehalt des Wassers, aus dem sie kommen, wider. Manche Schadstoffe scheiden sie wieder aus, andere reichern sich in ihrem Körper an. Und weil du nicht genau wissen kannst, wie sauber oder belastet ein See oder Fluss ist, muss man sich zuvor genau informieren, ob man überhaupt irgendetwas, wie zum Beispiel Fische, aus einem bestimmten Gewässer essen kann. Deswegen rate ich dir, einfach frische Nordseemuscheln zu kaufen. Die schmecken nicht nach gammeligem Teich, sind als Lebensmittel anerkannt und werden deswegen auch von den Lebensmittelbehörden regelmäßig geprüft."

Können Ozeanströmungen mit Satelliten vermessen werden?

Robert Schmidt, z. Zt. Menton, Frankreich

Ob mittels der Drehgeschwindigkeit eines Rotors oder dem Verfolgen von Driftkörpern – bis vor einigen Jahrzehnten konnten Ozeanströmungen nur mit Geräten vor Ort vermessen werden. Heute kommt mit Satelliten eine andere Möglichkeit hinzu, sie aus dem All zu vermessen. Grundlage dafür ist die exakte Vermessung der Meeresoberfläche. Auch im Ozean existieren Hoch- und Tiefdruckgebiete. Ein Meereshochdruckgebiet zeichnet sich durch eine um bis zu einem Meter erhöhte, ein Tiefdruckgebiet durch eine niedrigere Meeresoberfläche aus. Wie in der Atmosphäre gehen die Druckunterschiede mit Strömungen einher. Die Schwerkraft würde das Wasser von einem Wasserberg zu einem Wassertal treiben. Aufgrund der Erdrotation wird diese Bewegung jedoch auf der Nordhalbkugel nach rechts und auf der Südhalbkugel nach links abgelenkt. Die Strömung folgt Linien gleichen Drucks, so werden Hochdruckgebiete auf der Nordhalbkugel immer im Uhrzeigersinn umströmt. Dabei gilt: je größer der Druckunterschied, desto stärker die Strömung. Die Form der Meeresoberfläche wird jedoch nicht nur durch Strömungen bestimmt. Auch die lokale Erdanziehung hat aufgrund von geologischer Beschaffenheit und Höhe des Meeresbodens Einfluss auf die Struktur der Meeresoberfläche. So bildet sich etwa über einem Unterwasserberg durch dessen Massenanziehung auch ein Wasserberg auf der Meeresoberfläche. Da diese Auslenkungen jedoch nicht den vorherrschenden Druck verändern, haben sie keinen Einfluss auf die Strömungen. Werden diese Einflüsse abgezogen, lassen sich anhand des verbleibenden Musters der Oberflächenauslenkung Richtung und Stärke der Strömungen berechnen. Über längere Zeiträume ergibt dies die mittleren Strömungen. Interessant für Forschende sind auch die Abweichungen von diesem Mittelwert, sie weisen auf kurzfristige Phänomene wie kleinere Wirbel hin. Von Satelliten können jedoch nur Oberflächenströmungen gemessen werden. Für Messungen von Tiefenströmungen sind weiterhin Instrumente vor Ort nötig, etwa moderne Versionen der Rotormessgeräte oder Driftkörper.

Wie in der Atmosphäre: Hoch- und Tiefdruckgebiete in den Ozeanen bestimmen die Strömungen

140th Anniversary SEIKO
“Etwas Neues wagen.
Das bedeutet Abenteuer.“
– Abenteurer, Naomi Uemura
Keep Going Forward
PROSPEX
SEIKO
MON 6
AUTOMATIC
DIVER'S 200m

Die Verdammten von

Text: Zora del Buono
Fotos: Luana Rigolli

Catania

Während des Faschismus ließ ein Polizeichef in Sizilien homosexuelle Männer verhaften. Es ist die Geschichte einer Obsession, einer boshaften Perversion. Es geht um verbotenen Sex und zur Schau gestellte Macht. Und um die Verachtung alles Weiblichen

ES GEHT, MAN KANN ES NICHT ANDERS sagen, um eine Obsession, oder vielmehr: um eine boshafte Perversion. Es geht um Armut und verbotenen Sex und zur Schau gestellte Macht. Es geht letztlich um die Verachtung alles Weiblichen, ja auch Weibischen, darum, dass virile Regime nur virile Männer dulden, um die altbekannte Frage: Was macht den Mann zum Mann? Es geht, und das ist die freudianisch anmutende Komponente, um die Analfixiertheit eines einzelnen Beamten, dessen Versessenheit, homosexuelle Männer zu enttarnen. Es geht um flehende Mütter, verzweifelte Väter und um einen Haufen junger Sizilianer, die auf eine felsige Insel in der Adria verbannt wurden. Es geht aber auch um einen Hauch von Freiheit, um die Liebe, das Spiel und das Begehren.

Wäre Catanias Polizeipräfekt Alfonso Molina nur obsessiv gewesen und nicht auch noch wahnsinnig fleißig, man wüsste viel weniger von dem, was damals geschah. Er schrieb mit Akribie Protokolle, eins nach dem anderen, über jeden der 45 Männer, die er von Sizilien aus 700 Kilometer quer durch Italien ins andere Meer hinüber in Gefangenschaft schickte. Es war nicht der schwule Mann per se, der Molina zur Weißglut trieb, sondern der weiche, effeminierte, *la femmenella*, wie sie in Catania sagen.

Der oben erwähnte Costa Francesco aus Paternò wird notorisch als perverser und eigensinniger passiver Päderast dargestellt. Verweichlicht in Aussehen und Charaktereigenschaften, nimmt er an den meistbesuchten Orten kunstvoll weibliche Posen und Haltungen ein, um verdorbene oder unerfahrene Menschen zu locken, seinen lüsternen Begierden zuzustimmen.

Als 1927 das neue faschistische Strafgesetzbuch, der Rocco Codex (benannt nach Innenminister Alfredo Rocco), entworfen worden war, enthielt es mit Artikel 528 einen Abschnitt, der homosexuelle Handlungen mit Freiheitsstrafen bis zu drei Jahren vorsah. Doch in der endgültigen Fassung des Gesetzbuchs war der Artikel gestrichen. Die Begründung: „Die Vorverurteilung dieses Verbrechens ist überhaupt nicht notwendig, denn zum Glück und zum Stolz

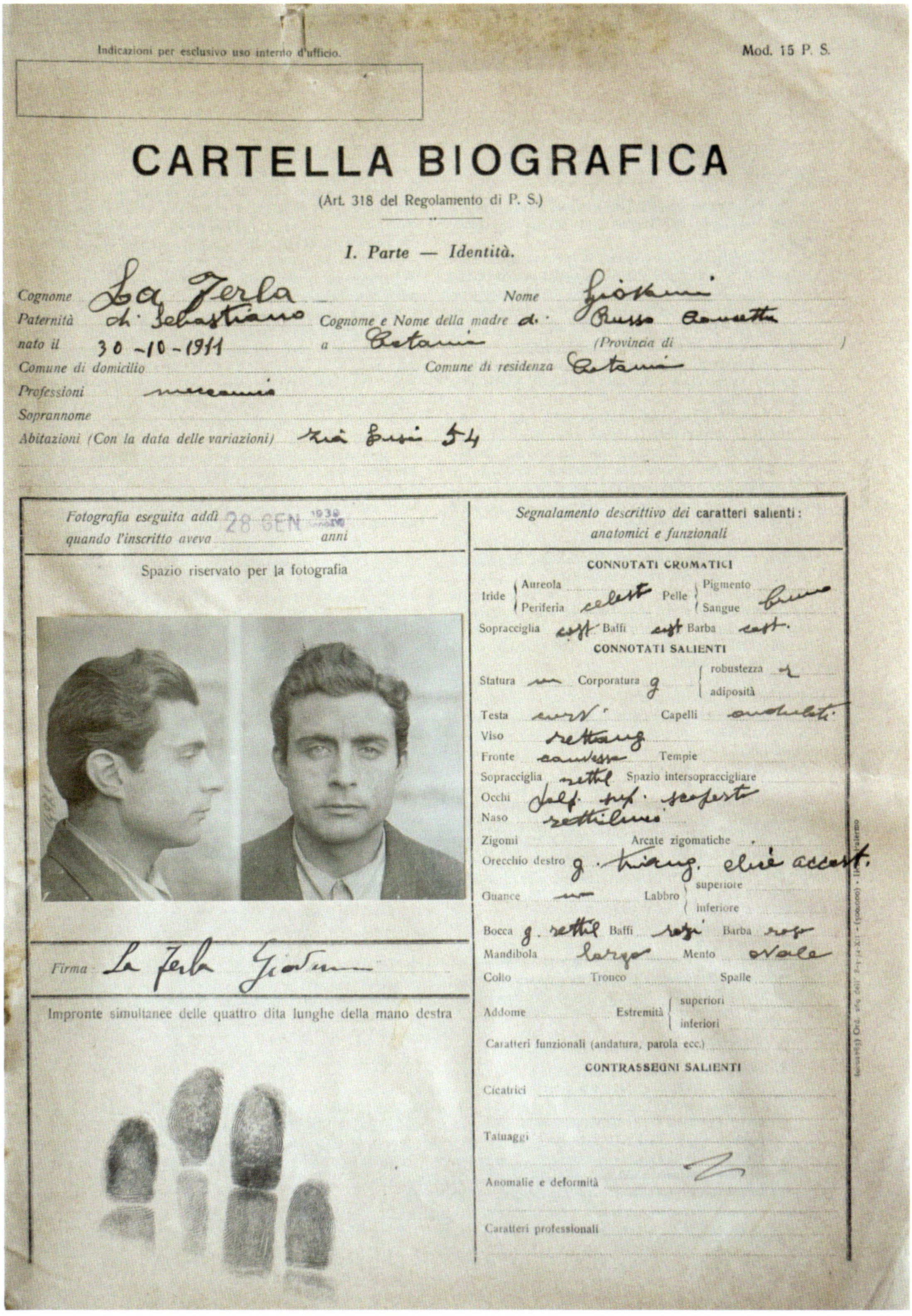

Indicazioni per esclusivo uso interno d'ufficio.

Mod. 15 P. S.

CARTELLA BIOGRAFICA

(Art. 318 del Regolamento di P. S.)

I. Parte — Identità.

Cognome La Ferla Nome Giovanni

Paternità di Sebastiano Cognome e Nome della madre di Russo Annetta

nato il 30-10-1911 a Catania (Provincia di)

Comune di domicilio Comune di residenza Catania

Professioni meccanico

Soprannome

Abitazioni (Con la data delle variazioni)

Fotografia eseguita addì 28 GEN 1938 quando l'inscritto aveva anni

Spazio riservato per la fotografia

Firma La Ferla Giovanni

Impronte simultanee delle quattro dita lunghe della mano destra

Segnalamento descrittivo dei caratteri salienti: anatomici e funzionali

CONNOTATI CROMATICI

Iride: Aureola, Periferia — Pelle: Pigmento, Sangue — Sopracciglia, Baffi, Barba

CONNOTATI SALIENTI

Statura — Corporatura — robustezza, adiposità

Testa — Capelli

Viso

Fronte — Tempie

Sopracciglia — Spazio intersopraccigliare

Occhi

Naso

Zigomi — Arcate zigomatiche

Orecchio destro

Guance — Labbro: superiore, inferiore

Bocca — Baffi — Barba

Mandibola — Mento

Collo — Tronco — Spalle

Addome — Estremità: superiori, inferiori

Caratteri funzionali (andatura, parola ecc.)

CONTRASSEGNI SALIENTI

Cicatrici

Tatuaggi

Anomalie e deformità

Caratteri professionali

Vorherige Doppelseite **Die Statue des Androne in den Gärten der Villa Bellini, einem Treffpunkt der** *arrusi* **von Catania. Der Name der mythischen Figur weist aufs Altgriechische: „Teil des Hauses, der Männern vorbehalten ist".**
Linke Seite **Hinter den bürgerlichen Fassaden Catanias fahndeten Spitzel der Polizei nach den** *femmenelle*, **wie effeminierte Homosexuelle auch genannt wurden.**
Oben **Die Akte eines internierten** *arruso*

Italiens ist das abscheuliche Laster, das ihm Leben einhauchen würde, bei uns nicht so weit verbreitet, dass es das Eingreifen des Gesetzgebers rechtfertigen würde; [...] es ist bekannt, dass für gewohnheitsmäßige und professionelle Straftäter, die in der Tat sehr selten und absolut fremd sind, die Polizei bereits mit viel größerer Wirksamkeit durch die Anwendung ihrer Sicherheits- und Haftmaßnahmen sorgt."

So kam die Polizei ins Spiel. Und mit ihr der neue Präfekt Alfonso Molina, der die Stadt von schwulen Männern säubern wollte, nachdem er aus der Provinz nach Catania versetzt worden war. „Dieses Übel muss von innen angegriffen und verbrannt werden", notierte er. Molina hatte festgestellt, dass Bars, Strände und dunkle, versteckte Orte Treffpunkte dieser „kranken Männer" waren, und er war „fest entschlossen, der Ausbreitung dieser Entartung" ein Ende zu setzen. Mit dem Argument des Verstoßes gegen die guten Sitten gründete er in einer Art Raserei einen Anti-Homosexuellen-Kader, dessen Mitglieder nachts durch die Stadt streiften, sich inkognito in die Szene einschlichen, wo jeder jeden zu kennen schien. Man traf sich am Hafen, bei der alten Platane, im Park der Villa Bellini, in Tanzlokalen, Kinos und Cafés. Immer mit dem Risiko, aufgegriffen zu werden. Es war ein Leben in aller Heimlichkeit, mit dem es innerhalb Sekunden vorbei sein konnte.

Frangiamore Enrico ist einer der ältesten passiven Päderasten. Junge Leute von mindestens zwei Generationen sind von ihm verdorben worden. (...) Ausgestattet mit guter Intelligenz, stellte er zunächst einen der größten Anziehungspunkte dar. Die Päderasten der damaligen Zeit scharten sich um ihn, und mit ihnen bildete er eine große Gruppe von Eingeweihten. Wie die Prostituierten, die die Altersgrenze erreicht haben, ist der Frangiamore zum Zuhälter geworden. (...) In Catania einer sorgfältigen Überwachung durch die Polizei unterworfen, versucht er zu entkommen, indem er nach Paternò zieht, wo der reiche Kollege Tomaselli Gaetano in dessen Dienste getreten ist, um seine Abenteuer zu beschaffen und zu erleichtern und, wenn nötig, noch aus dem Becher der Liebe zu trinken. Wie Frauen mit schlechtem Ruf ist er ein Lügner und heimtückisch. Er wird auch für Verbrechen gegen das Eigentum verleumdet. Er macht keinen Hehl aus dem Laster, das er praktiziert.
Er trägt den Spitznamen „die Löwin".
Das ehrenwerte Ministerium hat seine Einlieferung in den Polizeigewahrsam angeordnet, wozu ich ihn gemäß Artikel 181 des P.S. vorschlage.
Ich füge die entsprechenden Dokumente bei.
Der Kommissar (A. Molina)

Besonders ärgerte Molina sich über die wohlhabenden Homosexuellen, in deren großbürgerlichen Wohnungen Feste gefeiert wurden und Strichjungen verkehrten, dass es ein Geflecht an Beziehungen gab, das ihm nahezu unentwirrbar schien. *Arrusi* nannte man die Männer, die verhaftet werden sollten, ein herabsetzender Begriff, der mit „Tunten" übersetzt werden könnte, exaltierten Männern, die sich oft prostituierten. Der Beweis, dass jemand ein *arruso*, ein „passiver Päderast" und demzufolge kein „richtiger Mann", war, wie der Faschismus ihn brauchte, erfolgte durch Untersuchungen des Rektums mit einem Spekulum.

Königliches Polizeihauptquartier von Catania: Corsaro Giovanni, mit dem Spitznamen „A fugliara", praktiziert seit vielen Jahren passive Päderastie. Narben von Analfisteln und fortschreitende Fistelgeschwüre sind untrügliche Zeichen für sein Laster. Er, der seine sexuelle Umkehrung nicht leugnet, beschuldigt einige Traubenleser, alle anonym, die ihn vor fünf Jahren zwischen den Reihen der Weinstöcke mehrmals und für die gesamte Zeit der Ernte benutzt und missbraucht haben. (...)

Lesen Sie bitte weiter auf Seite 22

Rechte Seite **Die jahrhundertealte Platane** *Arvulu Rossu*, **der „Große Baum" an der heutigen Piazza Paolo Borsellino, war ein beliebter Treff vor allem jüngerer** *arrusi*

Diese und die folgende Doppelseite zeigen die Porträts sämtlicher 45 *arrusi*, die von Catanias Polizeichef Alfonso Molina in Catania verhaftet und auf die mehr als 700 Kilometer entfernte Adriainsel San Domino verbannt wurden

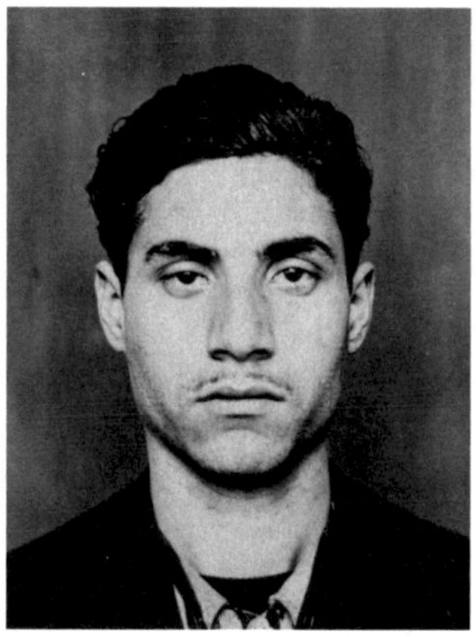

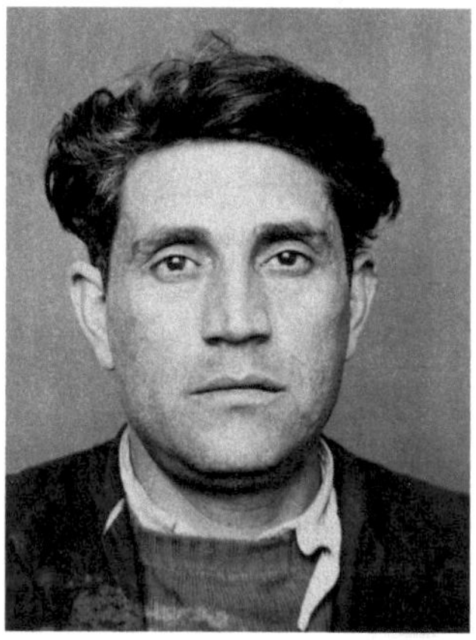
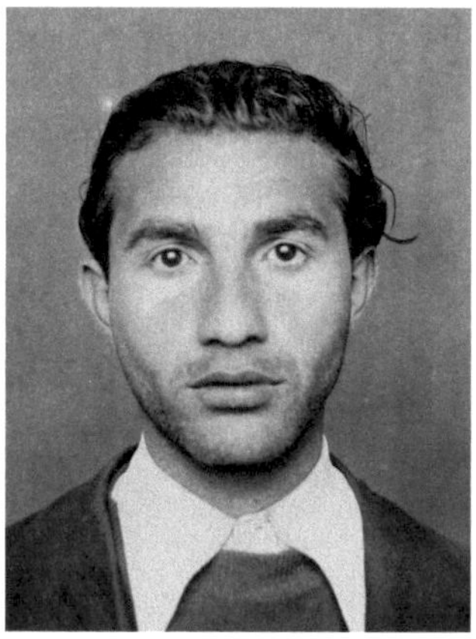

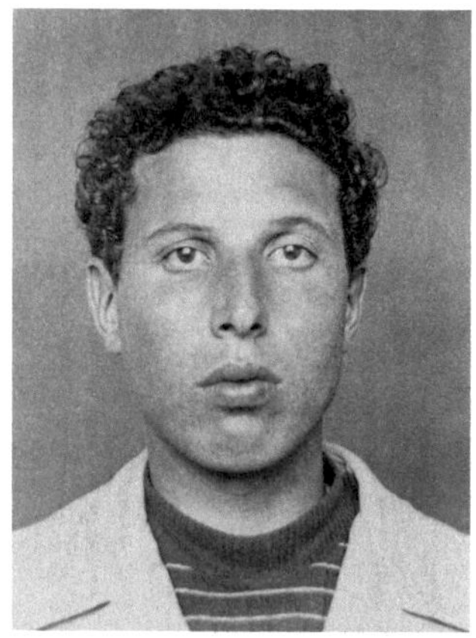

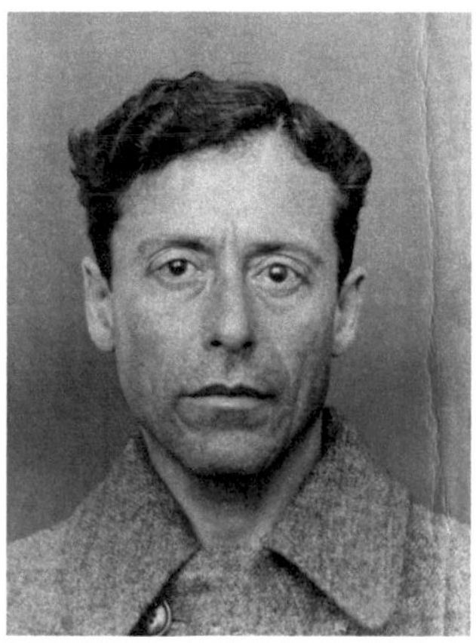

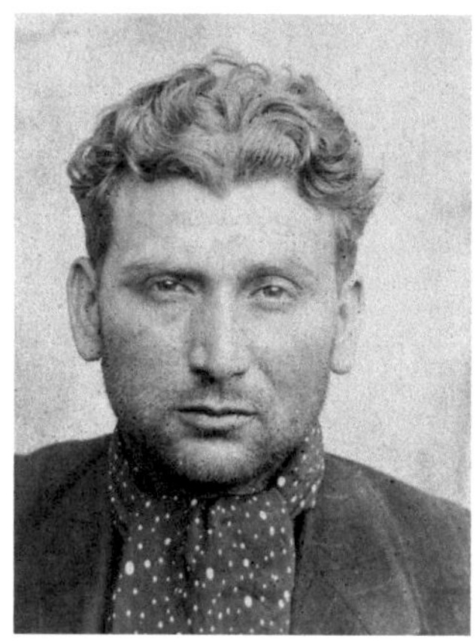

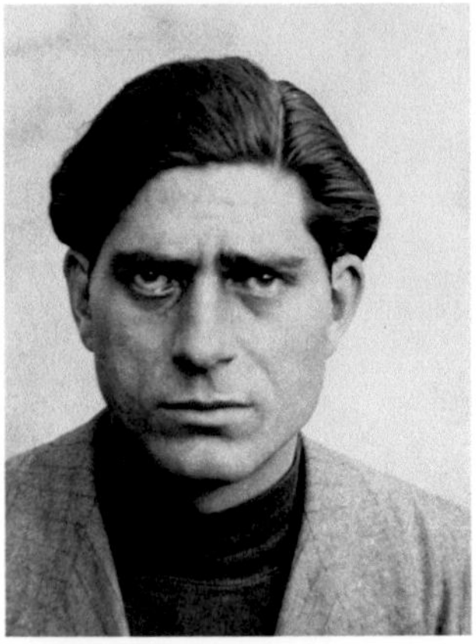
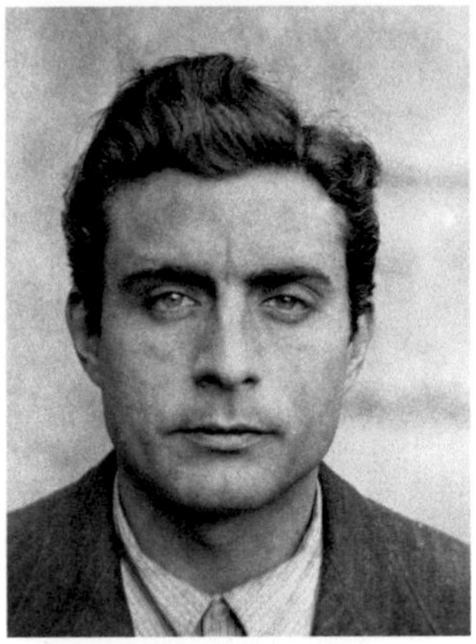
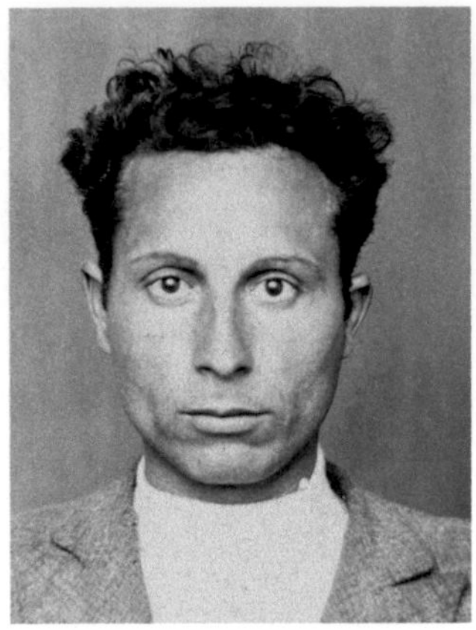
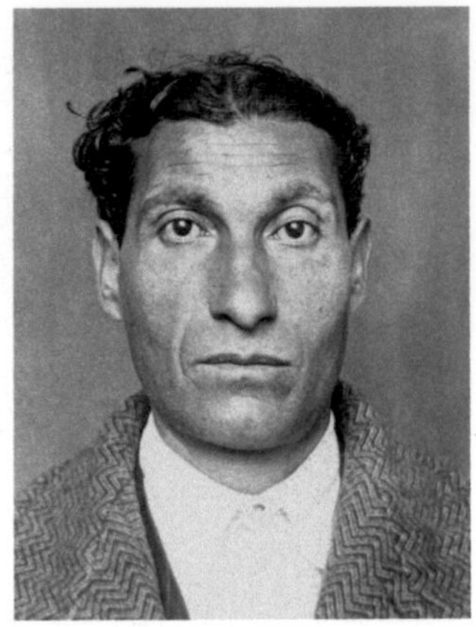
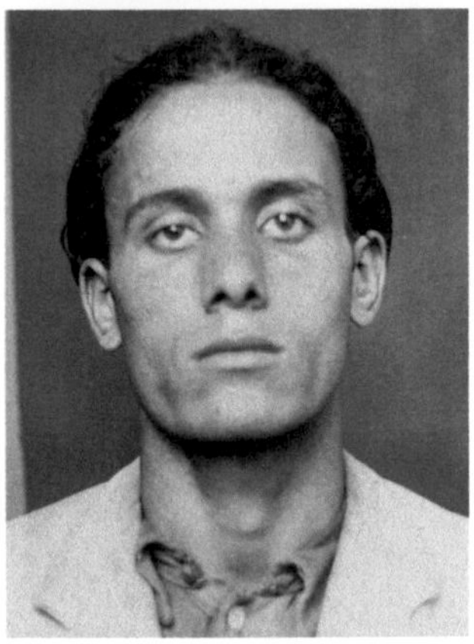

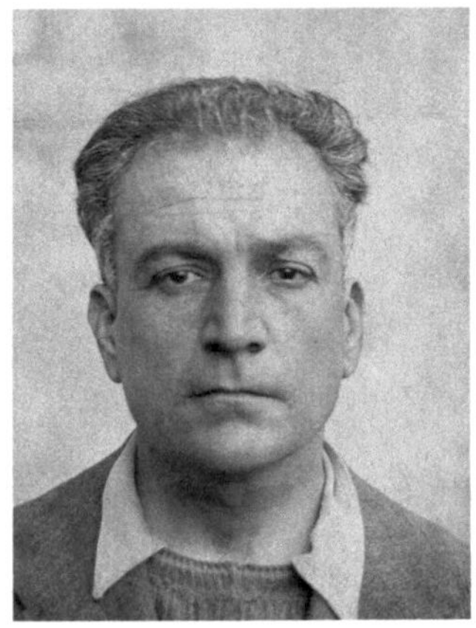

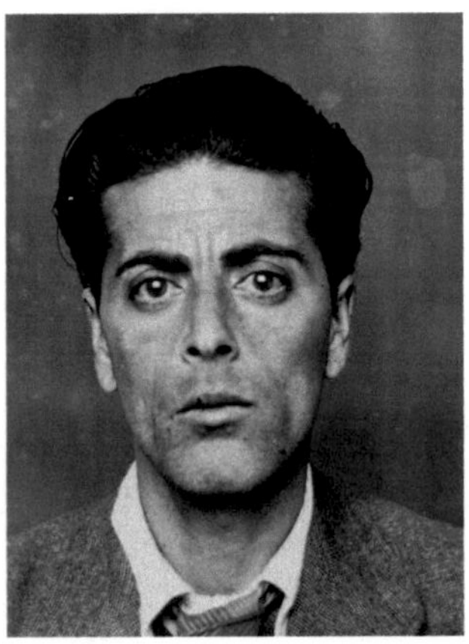
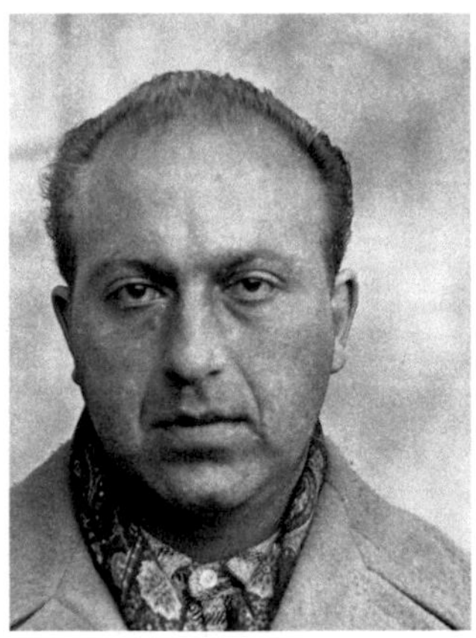

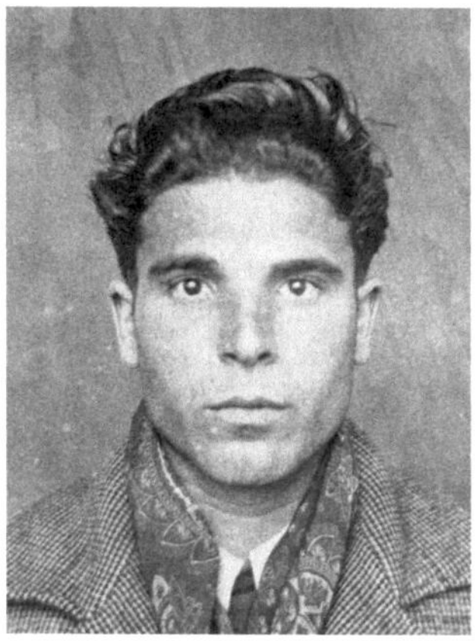

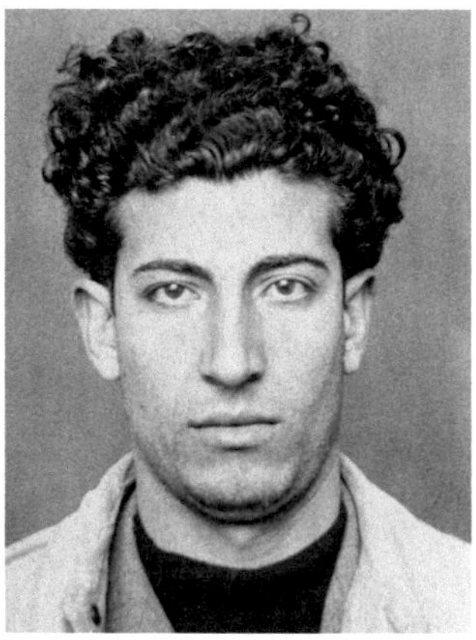
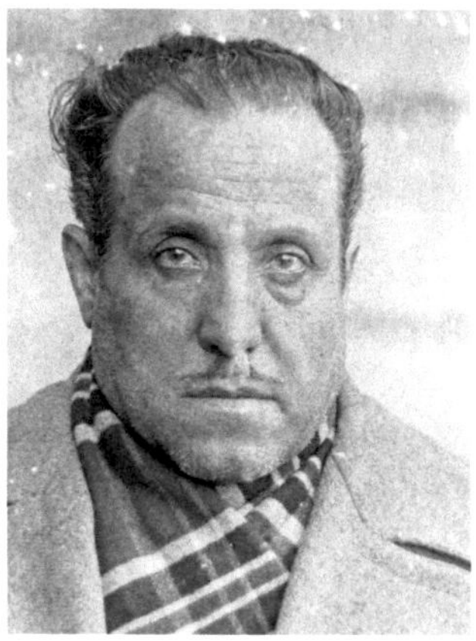
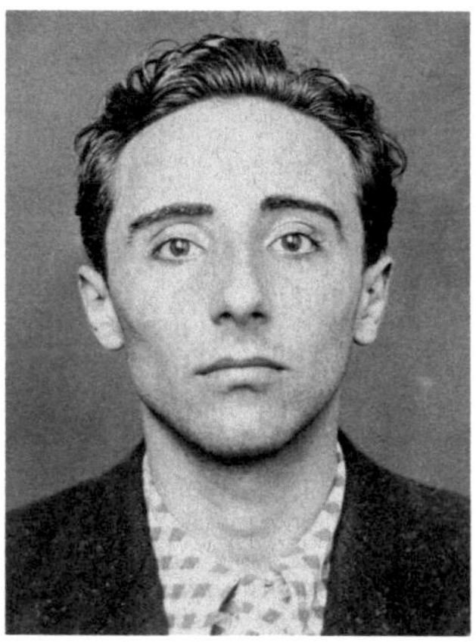
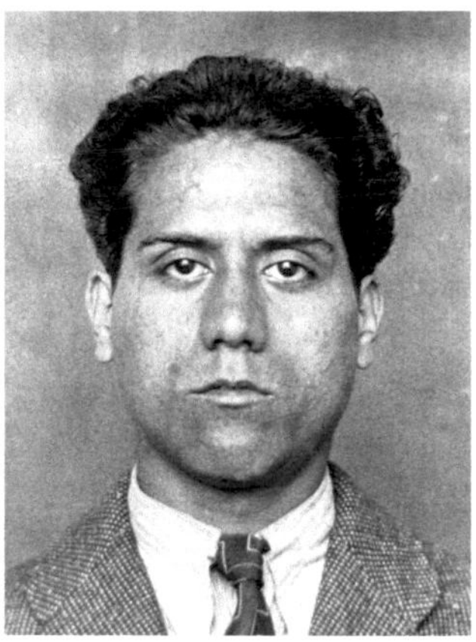
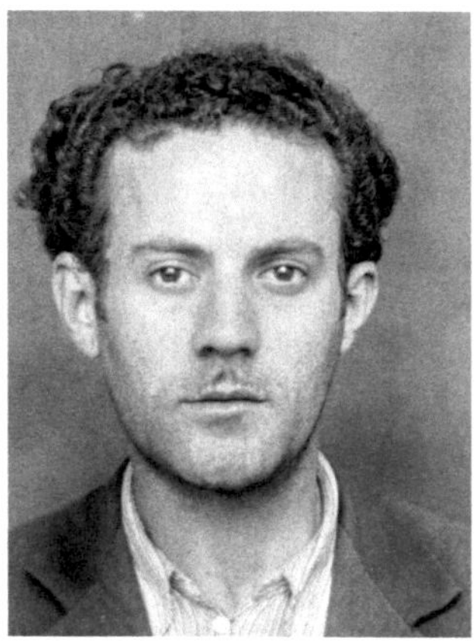

Nahezu sämtliche der Verhafteten gaben an, als Jungen vergewaltigt worden zu sein, daher die Vernarbungen, daher auch der gewissermaßen schicksalhafte Lebensweg als *arruso*. Mit dieser Notlüge sollte die Schande von der Familie abgewendet werden, die Mütter beruhigt, die Väter beschwichtigt.

In der Nacht vom 13. Februar 1939 gelang Molina ein Coup. Er ließ das Ballhaus an der Piazza Sant'Antonio stürmen. Tanzlokale wurden in Sizilien nur von Männern frequentiert, zu unsittlich für Frauen, die ganz im Privaten zu leben hatten, daher waren die feminin gekleideten, oft auch geschminkten *arrusi* gern gesehene Gäste, ein Tanz mit ihnen kostete 20 Centesimi. Auch mehr lag drin: Vorehelicher Geschlechtsverkehr war nahezu unmöglich, die Kirche zu mächtig, die Moral zu streng, die Jungfräulichkeit der Frauen heilig, daher pflegten auch heterosexuelle Männer intimen Umgang mit den *arrusi*. Wer mit einem *arruso* schlief, war zwar etwas verirrt, aber nicht eigentlich homosexuell. Das war nur der *arruso* selbst. Eine Meinung, wie man sie überall auf der Welt noch heute kennt, wenn die Systeme repressiv sind und auf Ungleichheit der Geschlechter beruhen; verachtet wird immer der effeminierte Mann.

Molina also verhaftete in jener Nacht ein Dutzend Männer. In den ersten beiden Monaten des Jahres 1939 arrestierte er unzählige weitere Männer, einige ließ er wieder frei, aber 45 *femmenelle* verfrachtete er nach San Domino, eine kleine Insel in der Adria, der apulischen Provinz Foggia zugehörig. Italien kannte weitere Gefängnisinseln, die berühmteste ist Ustica, nördlich von Palermo gelegen, ein karges Eiland, das zu seinem Ruhm gelangte, weil 1926 Antonio Gramsci, der Held des kommunistischen Italiens, dorthin verbannt worden war und seine legendäre Denkschule gründete, ein Hort der Intellektuellen, abgeschieden von der Welt. San Domino hingegen ist nicht besonders bekannt, seine Gefangenen waren auch keine Intellektuellen, sondern bitterarme, zumeist analphabetische Sizilianer mit einer speziellen Neigung. San Domino ist eine der Tremitischen Inseln, man erreicht sie von Termoli aus. In Sichtweite gelegen: San Nicola. Auch dort wurden Gefangene interniert, allerdings politische Gefangene. San Domino ist die einzige Insel weltweit, die zu einem Verbannungsort nur für Homosexuelle wurde. Dank Alfonso Molinas Obsession stammte die Hälfte von ihnen aus Catania, die andere Hälfte aus dem Rest Italiens.

Auf dem Inselchen existierte ein Dorf, zusätzlich hatte das faschistische Regime zwölf Häuser bauen lassen und Familien aus San Nicola zwangsumgesiedelt, damit sie auf San Domino Landwirtschaft betrieben. Carmela Santoro, damals ein Kind, erinnerte sich Jahrzehnte später an die Ankunft dieser so exotisch wirkenden Fremden, die in Handschellen von Bord geführt wurden: „Wir waren fasziniert von der Tatsache, dass sie ‚die Mädels' genannt wurden. Wir sahen ihnen zu, wie sie aus dem Beiboot stiegen, im Sommer in weißen Hosen und mit Hüten gekleidet. Und wir beobachteten sie staunend: ‚Schau dir die an, schau, wie sie sich bewegt!'"

Die Häftlinge wurden in zwei spartanischen Schlafsälen untergebracht, ohne Strom und fließend Wasser, nachts wurden die Baracken von außen verschlossen. Als Erstes verlas ein Carabiniere den zumeist jungen Ankömmlingen den Katalog mit den 22 Regeln, die unter anderem besagten, man habe einer Arbeit nachzugehen, dürfe keine Waffen tragen, kein Radio hören, dürfe die Unterkunft von Sonnenuntergang bis Sonnenaufgang nicht verlassen, weder Karten spielen noch sich betrinken, sich nicht auffällig oder unangemessen verhalten.

Doch sind Regeln nicht dazu da, gebrochen zu werden? Giuseppe P., genannt Pepinella, wurde 1987 zu seiner Gefangenschaft auf San Domino interviewt und geriet ins Schwärmen. Theater hätten sie gespielt, sich als Frauen verkleidet und auch getanzt, viele hätten eine Freiheit wie nie zuvor erlebt. Sie stromerten über die Insel, riefen sich offen ihre weiblichen Spitznamen zu, „die Löwin", „die Syrakuserin", „die Dünne", umrandeten die Augen mit Kohlestift und trugen das Haar so wallend wie möglich. „Zu Hause durfte

Rechte Seite oben **San Domino, gelegen in der Adria am Sporn des italienischen Stiefels, ist gerade 2,5 Kilometer lang.**
Darunter **Die Insel ist von einem dichten Niederwald aus Aleppokiefern bedeckt und von meist unüberwindbaren Felsen umgeben**

man als Mädel ja nicht aus dem Haus gehen." Er selbst habe als Schneider das Glück gehabt, attraktiven Carabinieri die Uniformen zu flicken; 40 Jahre später erinnerte er sich noch an die Schönheit eines Wachmanns, der ihn morgens um sechs halb nackt empfing. Wenn ein Telegramm die Ankunft einer neuen *femmenella* verkündete, stiftete jeder der Barackenbewohner eine Lira, und sie bereiteten einen Tisch mit Essen vor, zwei Cousins aus Paternò kümmerten sich darum, Männer mit Geschmack, einer Maler, der andere Bildhauer, sie arrangierten die Blumen und die Dekoration.

Eine Arbeit zu finden, und sei es nur eine bescheidene, war überlebensnotwendig. Wer vorher Schuster gewesen war, verdingte sich auf der Insel als Schuster oder wie Pepinella eben als Schneider. Wer keine besonderen Fähigkeiten hatte, hütete wie Filippo Kühe und pflückte Feigen, um sie zu verkaufen; Marcello half im Inselladen mit, während andere Pilze sammelten oder Holzkohle herstellten, um sie an die Insulaner weiterzuverkaufen, mit denen sich nach und nach ein nachbarschaftliches Verhältnis einstellte. Wer arm war, keine Verwandten hatte, die Pakete schickten, wer nicht arbeiten konnte oder wollte, nicht so schön war, dass ein Carabiniere ihn protegierte, wie jenen Jüngling aus Catania, den alle glühend beneideten, weil er eine Affäre mit einer der Wachen hatte, weil er bekocht wurde, umsorgt und, ja, auch weil er nicht nur schwärmen und spielen und flirten konnte, sondern einen echten Liebhaber hatte, er sein Dasein als *femmenella* ausleben durfte, wenn auch nur heimlich im Wäldchen unten – wer all das nicht hatte, war arm dran und unglücklich auf San Domino.

Der Unterzeichnete Frangiamore Enrico, derzeit für 5 Jahre auf der Insel S. Domino Tremiti eingesperrt, legt dem ehrenwerten Ministerium Folgendes dar: Der Unterzeichnete erhält ein Bündel von 4 Lire täglich. Zu diesem Zweck teilt er dem Ministerium mit, dass es auf der Insel S. Domino keine Arbeit oder Arbeitgeber gibt, als Folge des Lebens in absolutem Müßiggang. Das Leben ist enorm teuer, und Tag für Tag steigen die Preise für die Grundbedürfnisse zum Entsetzen des Eingeschränkten, der nicht weiß, wie er es machen soll. Um dem Herrn

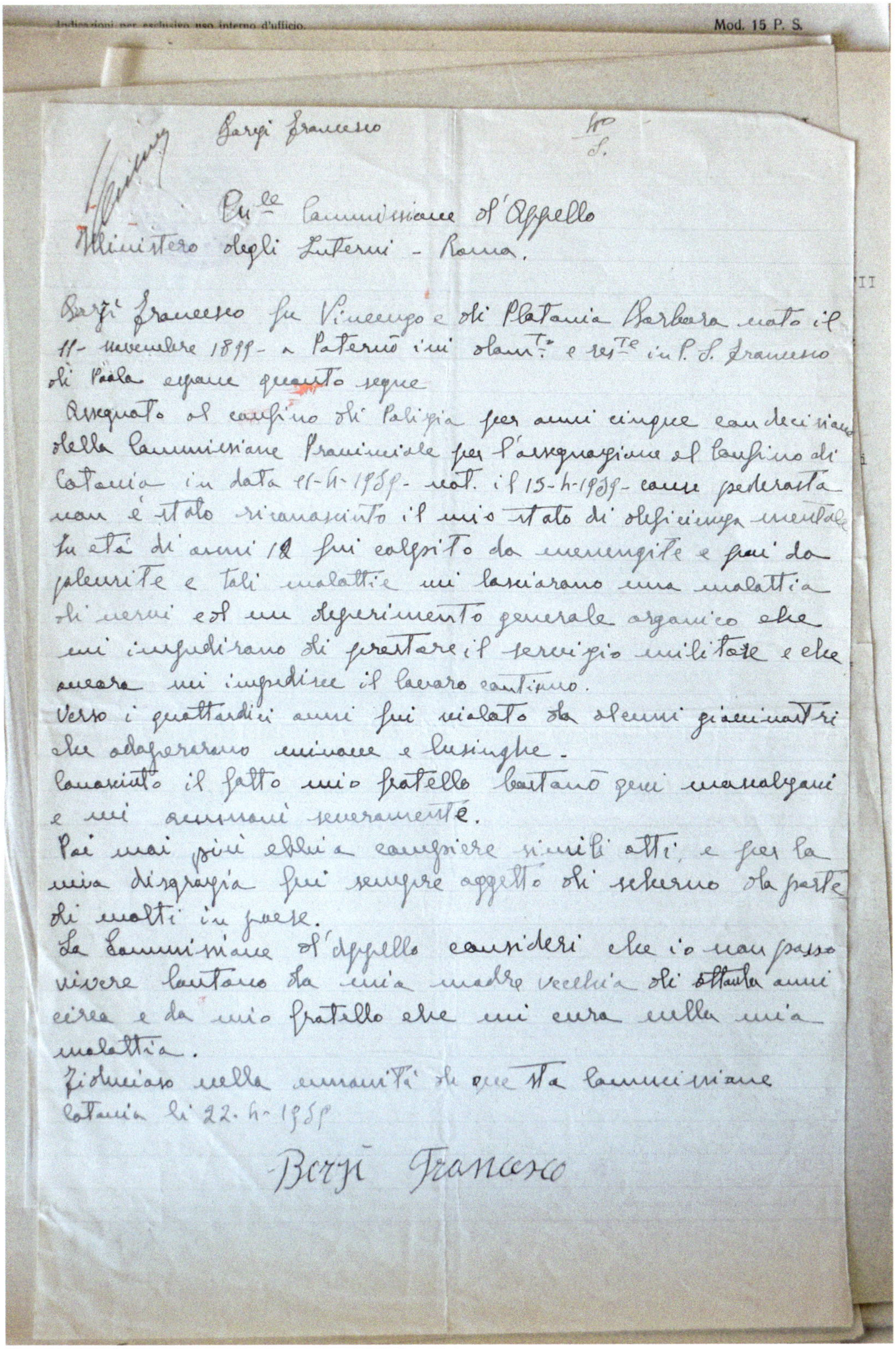

Mod. 15 P. S.

Bergi Francesco

40
S.

On.le Commissione d'Appello
Ministero degli Interni - Roma.

Bergi Francesco fu Vincenzo e di Platania Barbara nato il 11- novembre 1899 a Paternò ivi dom.te e res.te in P. S. Francesco di Paola espone quanto segue
Assegnato al confino di Polizia per anni cinque con decisione della Commissione Provinciale per l'assegnazione al confino di Catania in data 11-4-1939- not. il 15-4-1939- causa pederasta non è stato riconosciuto il mio stato di deficienza mentale
In età di anni 12 fui colpito da meningite e poi da pleurite e tali malattie mi lasciarono una malattia di nervi ed un deperimento generale organico che mi impedirono di prestare il servizio militare e che ancora mi impedisce il lavoro continuo.
Verso i quattordici anni fui violato da alcuni giovinastri che adoperarono minacce e lusinghe.
Conosciuto il fatto mio fratello bastonò questi malvagi e mi ammonì severamente.
Poi mai più ebbi a compiere simili atti, e per la mia disgrazia fui sempre oggetto di scherno da parte di molti in paese.
La Commissione d'Appello consideri che io non posso vivere lontano da mia madre vecchia di ottanta anni circa e da mio fratello che mi cura nella mia malattia.
Fiducioso nella umanità di questa Commissione
Catania li 22-4-1939

Bergi Francesco

Linke Seite **Eine Schlafbaracke der Internierten auf San Domino.**
Oben **Bittschreiben eines** ***arruso*** **zur Aufhebung der Haftstrafe**

Minister eine Vorstellung von den Kosten zu geben, erwähnt er zum Beispiel Brot, das L. 2,40 pro kg kostet, Hülsenfrüchte und besonders Bohnen, die einzige Ressource, um eine Suppe zu machen, für fast L. 5 pro kg.

Man schrieb Briefe, viele Briefe. Die Gefangenen schrieben, baten um Freiheit, um Geld, ein Neapolitaner bat um Verlegung auf eine andere Insel, weil die Catanesi eine verschworene Gruppe und überaus streitsüchtig seien. Mütter schrieben, Väter schrieben. Ganz selten wurde einer der Verbannten auf Geheiß der Behörde entlassen, was wiederum in Catania die Runde machte und Anlass gab, es mit einem weiteren Brief zu versuchen.

Wir lebten in Frieden, und ich hatte gehofft, meine Augen in den Armen meines unglücklichen Amedeo zu schließen, als mir im letzten Januar um sechs Uhr morgens mein Sohn aus den Armen gerissen und verhaftet wurde.

Ich kannte den Grund für die Verhaftung nicht, aber als mein anderer Sohn zur Polizeistation ging, erfuhr er, dass mein Amedeo zusammen mit vielen anderen jungen Leuten unter dem Vorwurf der Päderastie verhaftet worden war. Mein Sohn hat nie einen Skandal gegeben, weder zu Hause noch außerhalb, ja, ich will sagen, dass der miserable Gesundheitszustand (dieser unglückliche Sohn leidet seit neun Jahren an Magenschmerzen, an Leiden, die ihn zum Schatten seiner selbst gemacht haben), ich wiederhole, dass mein Sohn dieses verachtenswerte Leben, das ihm zugeschrieben wird, nicht ertragen konnte.

Er hat sich beim Polizeipräsidium beschwert, indem er auf diese Tatsache hinwies und um eine ärztliche Untersuchung bat, aber seiner Anfrage wurde nicht einmal stattgegeben, weil der Polizeipräsident von Catania eine unglaubliche Abneigung gegen meinen Sohn zeigte. Jetzt habe ich erfahren, dass andere junge Leute, die mit ihm verhaftet wurden und die wie er in Foggia für fünf Jahre interniert waren, freigesprochen wurden. Warum also schickt man mir nicht meinen Sohn, der vielleicht der Unglücklichste von allen ist? Warum wird der Gerechtigkeit nicht Genüge getan? Warum geben Sie einer armen, 82 Jahre alten und gelähmten Frau nicht die einzige Unterstützung und den einzigen Trost zurück? Warum diese Wut gegen diesen unglücklichen jungen Mann?

An das ehrenwerte Ministerium für Gnade und Gerechtigkeit, Rom:
Der Unterzeichnete Cannavò Francesco, Vater des inhaftierten Cannavò Paolo di Francesco, der auf die Insel Santo Domino di Tremiti, Prov. Foggia, wegen Päderastie verbannt wurde, erlaubt sich, Hon. das Folgende auszusetzen:
Der Eingeschlossene, ein sehr fleißiger junger Mann, die einzige Stütze einer bescheidenen Familie, in der der Vater wegen seines fortgeschrittenen Alters nicht mehr arbeiten kann, die sehr kranke Mutter nichts anderes tut, als den armen und unglücklichen Paolo zu rufen, und eine Schwester, die wegen der Schmerzen gelähmt blieb. Paolo hat gelitten; ja, Herr, das Schicksal, das berüchtigte Schicksal!!! Aber jetzt hat er versprochen, der beste, der am wenigsten schlechte aller jungen Menschen zu werden, denn er ist noch nicht einmal 19 Jahre alt, und er kann und muss sich erholen. Exzellenz, schauen Sie ein wenig mit väterlichem Auge und Herzen, denn gewiss sind Sie Hon. Vater. Sehen Sie sich das jämmerlichste Bild dieses unglücklichen Hauses an. Lassen Sie Paolo reumütig und bereit für ein neues Leben an die Arbeit gehen. Lassen Sie diesen unglücklichen jungen Mann zurückkommen, um diesen Verzweifelten etwas Brot und ein bisschen Sonnenschein zu bringen. Gnade!!! im Namen des Gottes, der so viel für uns Sünder gelitten hat. (...)
Im Vertrauen auf die Großherzigkeit des Herrn Minister, dass er sich das gleiche Elend dieses

Linke Seite oben **Eines der wenigen Dorfhäuser auf San Domino. Sie wurden erbaut für zwangsumgesiedelte Bauernfamilien von der Nachbarinsel San Nicola, die die Verbannten mit Lebensmitteln versorgen sollten.**
Darunter **Der Leuchtturm von San Domino**

Die Isole Tremiti. Der Archipel besteht aus sechs Inseln und Felsen, von denen nur San Domino und San Nicola bewohnt sind. Knapp 500 Menschen leben dort dauerhaft. Während des Faschismus dienten die Inseln als Verbannungsort, zunächst für politische Häftlinge, später auch für homosexuelle Männer. Heute gehören die Tremitischen Inseln zum Nationalpark Gargano und sind eine Tourismusattraktion

bedrängten Hauses zu Herzen nehmen wird. Demütig und voller Hoffnung und mit Aufmerksamkeit, der Vater Cannavò Francesco

Den in Sizilien zurückgebliebenen Eltern war oft nicht klar, dass ihre Söhne zwar ein bitterarmes Leben, aber eben auch eines frei von gesellschaftlichen Zwängen, frei von Versteckspielen, ein Leben unter Gleichgesinnten führten, das sie durchaus genießen konnten. „Auf der Insel kann man endlich ein *arrusu* [die sizilianische Dialektform des Worts *arruso, die Red.*] sein, offen von morgens bis abends, bis auf eine Sache: Man kann eines der wichtigsten Dinge, die ein *arrusu* tut, was ihn in gewisser Weise definiert, nicht tun – man kann nicht mit dem Mann gehen“, erklärte später einer der damals Inhaftierten einem Interviewer, offenbar immer noch aufs Verheimlichen eingestellt. Auf die Frage nach Liebesgeschichten zwischen den Inhaftierten sagte Pepinella: „Natürlich! Es gab sogar Messerstechereien zwischen Sizilianern! Aus Leidenschaft!“

Am 7. Juni 1940 endete die Geschichte der *arrusi* auf San Domino. Der Polizeichef hatte eine Woche zuvor im Einvernehmen mit dem „Duce“ beschlossen, die Inselgemeinschaft aufzulösen. Man war jetzt im Krieg und brauchte Platz für die Feinde des Regimes. Wie Pepinella später erzählte, „brachen einige von uns im Moment der Abreise in Tränen aus. Immerhin war es dort besser als hier“. Die Schande, die die Männer über ihre Familien gebracht hatten, war das eine, mit der die Heimkehrer umgehen mussten. Vor allem aber war ihre Zeit als Gemeinschaft offen lebender *femmenelle* vorbei. Die Gefängnisinsel hatte hundert Männern eine ungeahnte Freiheit ermöglicht, die für Jahrzehnte wieder ins Dunkel verschwand.

mare-Kulturredakteurin Zora del Buono, Jahrgang 1962, kennt aus familiären Gründen sowohl Apulien als auch Sizilien recht gut. Auf den Tremitischen Inseln war sie allerdings noch nie, dafür aber auf einer anderen Gefängnisinsel, nämlich Ustica, wo ihr Urgroßvater Bürgermeister war.

Luana Rigolli, geboren 1983, ist Fotografin und lebt in Rom. Zunächst studierte sie Bauingenieurwesen, erkannte dann aber, dass sie lieber von ihrer Umgebung erzählt, anstatt sie zu gestalten. So begann sie mit der Fotografie. Heute beschäftigt sie sich fotografisch bevorzugt mit historischen Studien und der Interaktion von Mensch und Landschaft. Die Recherchen zu diesem Thema vertiefte sie im Rahmen einer weiter gefassten Arbeit zum Thema Faschismus in Italien.

Wasserpflanzen

Fundstücke aus Kunst und Literatur

Die karge Einsamkeit von New Mexico wurde zu Wahlheimat und Fluchtpunkt der US-amerikanischen Malerin Georgia Totto O'Keeffe (1887–1986), doch in ihren frühen Jahren suchte sie jenseits von New York Inspiration an den Stränden von Maine. Sie malte Pflanzen, Muscheln, Meeresbilder mit der ihr eigenen Intensität und schrieb leidenschaftliche Briefe an ihren Galeristen und Geliebten Alfred Stieglitz. Der österreichische Dichter H. C. Artmann (1921–2000) hat sich zeit seines Lebens wie kein anderer dem Spiel mit der Sprache hingegeben. In einem Band von 1989, dem das hier abgedruckte Gedicht als Entrée voransteht, versammelt er in alphabetischer Reihenfolge Gedichte über Orte, poetische Reisen wie aus einem Notizbuch der Imagination. Die niederländische Künstlerin Miek Zwamborn (geboren 1974) lebt auf der schottischen Isle of Mull. Wie oft mag sie dort am Strand spaziert sein, ohne die Pflanzen, die für gewöhnlich im Verborgenen gedeihen, als ihr Objekt zu erkennen, dem sie in Folge ein ganzes Buch gewidmet hat? *mw*

Miek Zwamborn
Aus: Algen

Bei Ebbe, auf dem Weg zur schottischen Gezeiteninsel Erraid, stieß ich in der trockengefallenen Bucht auf eine riesige Alge. Dunkel hoben sich Mittelrippe und Wedel vor dem hellen Sand ab. Die Pflanze sah lebendig aus, drehte sich um ihre eigene Achse wie eine archimedische Schraube. Die Strömung hatte die Alge weit aufgefächert. Der großen, goldgelben und mit Noppen besetzten Knolle entsprang ein kräftiger Stängel. Nicht rund, sondern breit und flach und am Rand bernsteinfarben gekräuselt. Nach oben hin wurde er glatter und mündete in einer Art ledrigem Blatt, das in einundzwanzig lange Fransen auslief; jede zeigte in eine andere Richtung. Mein Blick glitt über den Rändelrand der Mittelrippe. Die Knollenalge glänzte wie frisch poliert und schien von einer seltsamen Kraft erfüllt zu sein. Unbändig. Sie war von ihrer Kolonie losgerissen und an Land geschwemmt worden, aber trotzdem war nicht die Spur von Verfall zu erkennen.

Ich kniete mich hin und strich über die Triebe. Die Pflanze fühlte sich fest an und kälter als erwartet.

Natürlich hatte ich vorher schon Algen gesehen. Hinter dem Deich war ich auf meinem Weg zum Watt auf ihnen herumgeschlittert. Beim Krabbenfischen hatte ich sie auf den Felsen zur Seite geklappt und Austern, nachdem ich sie geöffnet hatte, mit ihnen zugedeckt. Im Meer schlangen sie sich mir manchmal um die Beine. Trotzdem hatte ich sie nie wirklich beachtet. Das sollte sich durch das rätselhafte Aussehen dieser Alge ändern, die im Wasser zu einer solch anmutigen Gestalt herangewachsen war. Es ist keine Übertreibung, wenn ich sage, dass sich durch diese eine Pflanze meine Wahrnehmung der Küste vollkommen verändert hat. An diesem Tag hatte sich vor der Rückkehr der Flut das Meer geöffnet und mir zum ersten Mal einen Blick in sein Inneres gewährt.

Vorsichtig schob ich die Hände unter die schwere Mittelrippe und stand auf. Die Alge kippte wie eine Parabel vornüber. Ich legte sie mir über die Schulter. Sie war doppelt so groß wie ich. Entzwei geklappt berührte sie vor und hinter mir den geriffelten Sand. Eine vertikale Umarmung. Ich bahnte mir einen Weg zwischen den mit braungrünem Blasentang bedeckten Felsen und ging weiter übers Watt Richtung Erraid. Als ich mich umdrehte, sah ich neben meinen Fußabdrücken eine Schlangenlinie im Sand. Die Alge war schwer genug, um meinen Weg über den Strand nachzuziehen.

Aus dem Niederländischen von Bettina Bach

H. C. Artmann
Aus: gedichte von der wollust des dichtens in *w*orte gefaßt

in die tiefe seines bauches
nach wörteralgen taucht der dichter
am weißen strand des papieres
spreitet er sie zum trocknen aus:
es wird gebeten das seegras nicht
vor seiner zeit zu wenden   danke

Georgia O'Keeffe

„Abstraction, Seaweed and Water", 1920, Pastell auf Papier, 72,07 mal 45,08 Zentimeter, Georgia O'Keeffe Museum, Santa Fe, New Mexico, USA

„I FEEL A LITTLE BETTER NOW, ALOHA"

Alkohol, Frauen, Glücksspiel – Wayne Millers Fotos aus dem Jahr 1945 zeigen amerikanische Matrosen beim Urlaub auf Hawaii. Jahrzehntelang blieben sie „aus politischen Gründen" unveröffentlicht. Bis jetzt

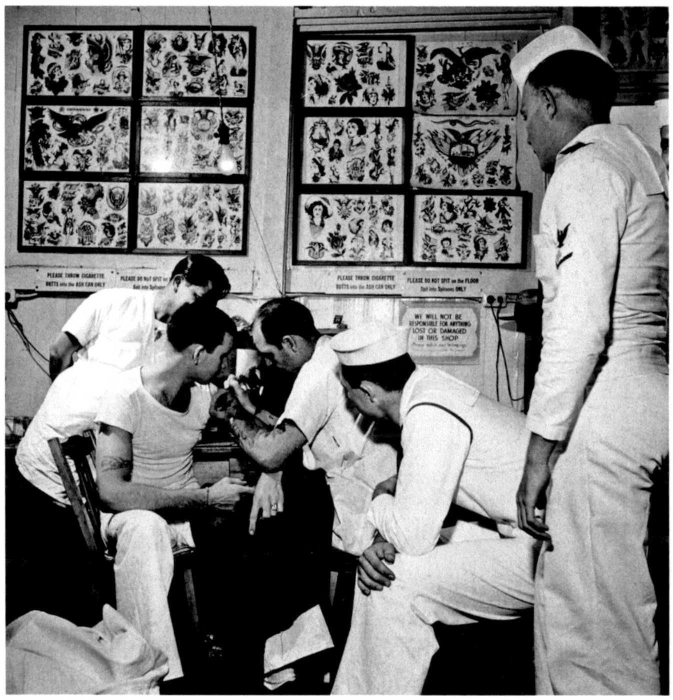

Linke Seite **Erinnerungsfoto mit „Hulamädchen“ in Miller's Tattooing Shop.**
Oben **Flirten, trinken, boxen, Tattoos stechen lassen**

Oben **Postkarten schreiben, Frauen anmachen, Singen im Matrosentreff.**
Rechte Seite **Am Ende kommt der Kater**

IM JAHR 1942, ALS SICH DIE USA FÜR DEN ZWEITEN Weltkrieg rüsten, tritt der 24-jährige Wayne Miller, Student der Fotografie, der US Navy bei. Dort bekommt er seine Chance, das zu tun, was er immer wollte: „Die Menschheit zu fotografieren", sagte er einmal, „und zu erklären. Von Mensch zu Mensch."

Als Teil einer Eliteeinheit von Kampfberichterstattern dokumentiert Miller in den nächsten drei Jahren den Pazifikkrieg, von den Tiefen der Marinetaucher zu den Höhen der Napalmbomber, vom Blutvergießen an den Stränden zu den wogenden weißen Pazifikwolken darüber.

Im Juni 1945 schickt Miller seinen Vorgesetzten einen Vorschlag: Er bittet um Erlaubnis, sich als Matrose verkleiden zu dürfen, um undercover Marinesoldaten beim Urlaub in Hawaii zu fotografieren. Und so reist er nach Honolulu und ist mit dabei, wenn Matrosen beim Flirten, Trinken und Glücksspiel den Kriegsalltag vergessen. Die entstandenen Bilder stellt er zu einer Reisebroschüre zusammen, begleitet von einem fiktiven Brief eines Soldaten, der von seinen Urlaubserfahrungen berichtet – aufgemacht im Stil eines Reiseführers mit Tipps und Hintergrundinformationen, adressiert an einen imaginären Matrosen, der sich zum Landgang anschickt. „Lieber Mac, du bist also total aufgeregt, nach Honolulu zu kommen? [...] Romantische Musik von Inselgitarren. Dunkelhäutige Mädchen und Hularöcke. Klingt toll, nicht?" Um nachfolgend den Tropentraum, Blase um Blase, für den Neuankömmling platzen zu lassen. Das Bier zu warm, die Frauen zu teuer, die Insulaner zu prügelwütig. Doch so, im Borat-Humor und im Deckmantel der Satire, macht Miller die Wahrheit begreiflich: real existierende Spannungen zwischen Hawaiianern und amerikanischen Soldaten, Betrugsvorwürfe, Streitereien, Schlägereien.

„Das monatliche Gehaltsvolumen der Navy Pacific beträgt 50 Millionen Dollar, und ein Großteil davon landet hier" (auf Hawaii).

„Dieser Inselwhiskey ist nicht gut. Du zahlst sechs bis 25 Dollar für etwas, das die Einheimischen für drei Dollar untereinander handeln."

„Du hättest das Chaos sehen sollen [...] Überall lagen sie [die Alkoholleichen, *die Red.*] herum. Mich haben sie wegen einer Schlägerei drangekriegt."

„Ich kann nicht erklären, warum, aber ich fühle mich überall schmutzig."

„Sie haben Bier, aber wenn ich du wäre, würde ich es vergessen. Während du für zwei Dosen anstehst, schwitzt du drei aus."

Miller fängt den Frust der Matrosen ebenso ein wie ihre Rassismen („Kanaka woman", „rats") und zeichnet ein Albtraumreiseziel, in dem garantiert keiner Urlaub machen möchte. Als Marineoffizielle das fertige Projekt sehen, halten sie Fotos und Text für „zu anfällig für Fehlinterpretationen". Obwohl sie „wahrheitsgemäß" seien, könnten sie „aus politischen Gründen" nicht veröffentlicht werden, da sie „die Beziehungen zwischen Marinepersonal und Zivilisten in Honolulu weiter beeinträchtigten". Die Bilder kommen unter Verschluss, bis sie 2018, fünf Jahre nach Millers Tod, von seiner Familie wiederentdeckt werden und über die Fotoagentur Magnum (deren Präsident Miller vier Jahre lang war) ihren Weg in diese Ausgabe finden. Miller selbst lässt seinen Pseudoreiseführer mit der Ausnüchterung am Abreisetag enden: „I feel a little better now, aloha." (Foto oben) *ladi*

Oben **Seeleute und Amüsierdamen in einer Freizeiteinrichtung für US-amerikanische Matrosen, USO genannt (United Service Organizations).**
Rechte Seite **Das „Royal Hawaiian Hotel" in Waikiki**

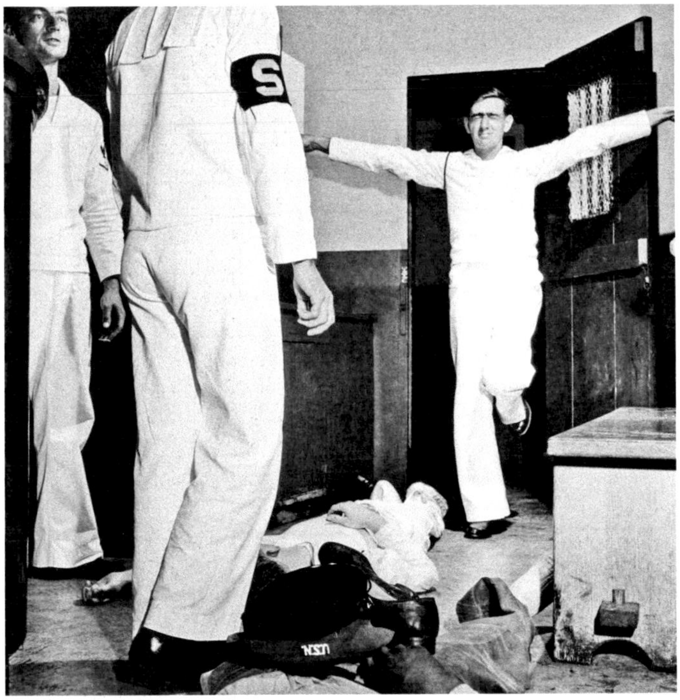

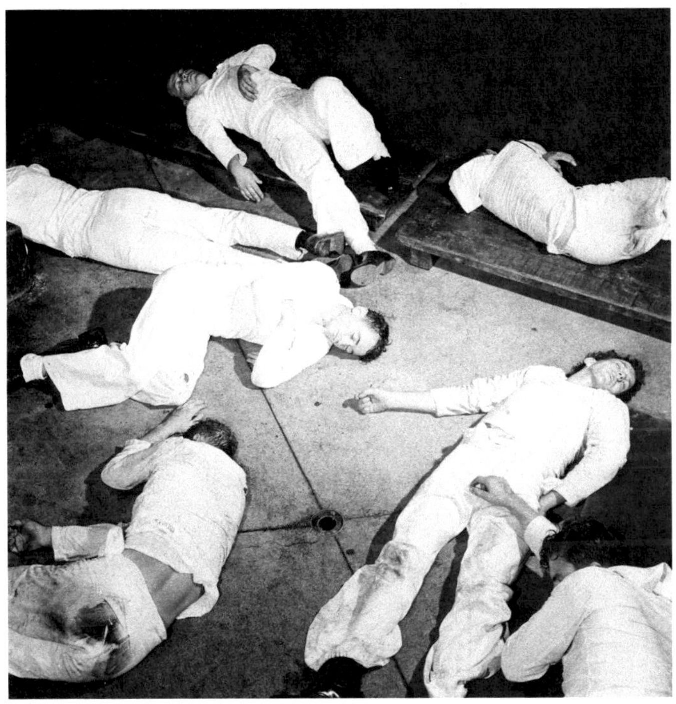

Linke Seite **Ausnüchterung in der „Shore Patrol Brig", einem Gefängnis für verhaltensauffällige Matrosen.**
Oben **Auch wenn der Ausschank von Bier offiziell limitiert war, floss es in Strömen**

Oben **Auf den Arm genommen: „Hulamädchen“.**
Links **Undercover: Navy-Offizier Wayne Miller, als einfacher Matrose verkleidet**

Wayne F. Miller wurde 1918 als Sohn eines Arztes und einer Krankenschwester in Chicago geboren. Er studierte Fotografie in Los Angeles und wurde 1958 Mitglied der Pariser Fotoagentur Magnum. Bekannt wurde er für seine Navy-Fotos, aber auch für seine Nachkriegsbilder von Afroamerikanern in Chicago. Miller starb 2013 in Orinda, Kalifornien.

sodasan
Nachfüllen statt vollmüllen
Jetzt 15% sparen
Dein Rabattcode*
mare15
Mit unseren Großgebinden in der **innovativen Bag-in-Box-Verpackung** kannst du dir deine eigene **Abfüllstation** nach Hause holen und je nach Produkt bis zu **92% Plastik sparen.**
92% weniger Plastikmüll
sodasan
Citrus & Olive
Milde Pflanzenseife mit Bio-Olivenöl · Mild vegetable soap with organic olive oil
5L
z.B. Flüssigseife Citrus & Olive gibt es in 300 ml, 1 l, 5 l und 20 l
NC Natural Cosmetics Standard
natural-cosmetics.cc
Vegan
www.sodasan-shop.de
*Einmalig pro Person einlösbar. Gilt nicht für Gutscheine. Nicht mit anderen Rabatten kombinierbar. Gültig bis zum 31.12.2021.

Vor uns die Sintflut

Das Szenario einer überfluteten Erde beschäftigt Literatur und Medien seit Jahrhunderten. Hinter der menschlichen Lust an Katastrophenerzählungen verbirgt sich eine uralte Sehnsucht

Von Alexander Kohlmann

Die Katastrophe braucht bei Stephen Baxter nicht länger als einige Jahrzehnte. Als der Meeresspiegel urplötzlich zu steigen beginnt, ahnt noch niemand, was für ein Desaster die zunächst nur leicht ansteigenden Pegelstände ankündigen. Als schließlich die ersten Inseln für immer im Wasser versinken, ist es bereits zu spät. Was nach düsteren Zukunftsprognosen unserer Tage klingt, entwickelt sich im Science-Fiction-Epos „Flood“ (deutsch: „Die Flut“, 2008) zur Apokalypse. Der Meeresspiegel steigt und steigt und verschlingt nach und nach alle Kontinente dieser Erde. In einer Schlüsselszene beschreibt der britische Autor, wie die große Flut schließlich ganz langsam den letzten Flecken Land der Erde mit Wasser bedeckt: Es ist der einstige Gipfel des Mount Everest. Mit einem leisen Plätschern endet im Roman zwar die Geschichte der Landmassen des Planeten, nicht aber die der Menschheit.

Der (Alb-)Traum einer Welt, die komplett mit Wasser bedeckt ist, zieht sich durch die Literatur- und Mediengeschichte nicht nur der westlichen Welt. Es ist eine der Urerzählungen der menschlichen Zivilisation. Nicht zuletzt die Filmbilder des Hollywoodkinos haben in den letzten Jahrzehnten immer wieder das schon in der Bibel vorhandene Bild eines vollständig blauen Planeten lustvoll reproduziert, einer Welt, in der sich das Landwesen Mensch an völlig neue Gegebenheiten anpassen muss.

Bereits 1995 kam mit „Waterworld“ eine groß angelegte Science-Fiction-Verfilmung mit Kevin Costner in die Kinos, in der eine zahlenmäßig stark dezimierte Menschheit auf verrosteten Metallinseln und gerade noch schwimmfähigen Tankern ihr Dasein fristet. Oder aber – und das war der Clou dieser Erzählung – Menschen hervorbringt, die sich angepasst haben. Kevin Costner spielt ein Geschöpf, das über Schwimmhäute zwischen den Fingern und Kiemen hinter den Ohren verfügt. Halb Fisch, halb Mensch, kann er in der schönen neuen Welt bestehen und schwimmend sogar die Grenze zwischen Gegenwart und Vergangenheit überwinden.

In einer der eindrucksvollsten Szenen des Films schwimmt er von der Meeresoberfläche hinab zu den Ruinen einer versunkenen amerikanischen Großstadt. Verfallene Wolkenkratzer und Autowracks sowie Unmengen mit Algen überzogenen Zivilisationsmülls durchstreift der Fischmensch auf dem Grund des Ozeans – Relikte einer Überflussgesellschaft, die grotesk unnütz in einer Welt des Wassers erscheinen und in einem sinnfälligen Gegensatz stehen zu dem, was den Schwimmer auf der Oberfläche erwartet: eine endlose, wunderschöne und in der Sonne funkelnde Wasserfläche, die die Auswüchse der menschlichen Zivilisation auf diesem Planeten gnadenvoll bedeckt.

Denn auch darum geht es in nahezu allen audiovisuellen Erzählungen von der Sintflut: um eine fast rituelle Reinigung eines Planeten, der bereits vor den steigenden Wassermassen durch das Einwirken des Menschen bedenklich aus dem Lot geraten ist. So zeigt der aus Deutschland stammende Katastrophenfilmspezialist Roland Emmerich gleich mehrmals eine Welt, die in der gemeinsamen Unfähigkeit erstarrt ist, auf die selbst geschaffene Bedrohung des Klimawandels eine überzeugende Antwort zu geben.

Bereits 2004 entwarf er in „The Day After Tomorrow“ ein Szenario, in dem ein Klimaforscher beharrlich vor dem plötzlichen Versiegen des Golfstroms warnt und auf einen ignoranten US-Vizepräsidenten trifft, der nicht bereit ist, auf die Prognose des Wissenschaftlers zu hören. Lange vor dem weltweiten Erstarken der Fridays-for-Future-Bewegung bebildert Emmerichs Film die katastrophalen Folgen in einem dramaturgischen Zeitraffer, der es innerhalb der filmischen Diegese ermöglicht, dass die Protagonisten der Gegenwart für ihr Handeln geradestehen müssen und nicht etwa künftige Generationen.

Schon bald versinkt New York unter einer hundert Meter hohen Flutwelle, die Emmerich als ein reinigendes Gewitter nach wochenlangem Regen inszeniert. Es ist eine Katastrophe, die ganz unmittelbar jene internationalen Institutionen hinwegspült, die wie die UN oder die Weltbank keine Wege gefunden haben, die Ereignisse aufzuhalten. Dass auf die Flutwelle ein arktischer Temperatursturz folgt, der große Teile der Vereinigten Staaten unbewohnbar werden lässt, führt in Emmerichs Film zu einer interessanten Pointe: Zum Schluss sehen wir US-Amerikaner, die Richtung mexikanischer Grenze ziehen, um in ebenjenem Land als Klimaflüchtlinge Schutz zu suchen, dessen Bewohner der frühere US-Präsident Donald Trump noch mit einer stählernen Wand dauerhaft von jenem westlichen Wohlstandsversprechen ausschließen wollte, das als eine der Ursachen für die globale Erwärmung gelten kann. Die Sintflut hat in dieser Erzählung die Welt nicht nur verändert, sondern auch ein wenig gerechter gemacht – auf jeden Fall jedoch eine neue Weltordnung hervorgebracht, die sich von der im Meer versunkenen ganz grundsätzlich unterscheidet.

Dass es bei den Geschichten der Sintflut nicht nur um pessimistische Untergangsszenarien geht, sondern in beinahe alle Bearbeitungen dieses intermedialen Topos immer auch die berechtigte Hoffnung auf einen Neuanfang mit eingeschrieben ist, haben

Dass es bei Sintflutgeschichten nicht nur um pessimistische Untergangsszenarien geht, sondern darin auch die berechtigte Hoffnung auf Neuanfang mit eingeschrieben ist, haben Kultur- und Medienwissenschaftler immer wieder herausgearbeitet. „Hungern nach der Apokalypse heißt eigentlich Verlangen nach der Zeit nach der Apokalypse."

Kultur- und Medienwissenschaftler immer wieder herausgearbeitet. „Hungern nach der Apokalypse heißt eigentlich Verlangen nach der Zeit nach der Apokalypse", schreibt der Publizist Maarten Keulemans. Die Sehnsucht nach Weltuntergängen aller Art sei schon immer eng verknüpft gewesen mit dem tief empfundenen Glauben daran, dass sich etwas ändern müsse. Erst eine Katastrophe apokalyptischen Ausmaßes kann in dieser Leseart die Grundlage sein für einen Neustart, der angesichts einer verkrusteten und in sich stillstehenden Gesellschaft sonst überhaupt nicht möglich wäre.

Ebenso wird es tatsächlich bereits in der Bibel erzählt, denn die göttliche Sintflut straft ja nicht alle Menschen und Lebewesen gleichermaßen, sondern lässt einen, nämlich den gottesfürchtigsten von ihnen, das Verhängnis ahnen. Noah wird auf seiner Arche zum wichtigsten Protagonisten der Geschichte, den es so oder sehr ähnlich in nahezu allen Folgeerzählungen gibt. Denn keine Katastrophenstory, sei sie von Roland Emmerich oder aus viel früheren Zeiten, kommt ohne jene kleine Gruppe Überlebender aus, die nach dem Rückgang des Wassers die Welt noch einmal neu erfinden können. Und schon vor der Apokalypse eben durch ihre Angst vor dem Untergang zu gemeinsamem und mutigem Handeln angetrieben werden.

Jede Generation bringe auf die eine oder andere Weise ihre eigene Katastrophensehnsucht hervor und sei immer wieder neu davon überzeugt, dass die Apokalypse unmittelbar bevorstehe, schreibt der Kulturwissenschaftler Gerhard Henschel. So befeuerte das Gedankenspiel der atomaren Auslöschung der Welt zur Zeit des Kalten Kriegs politische Bewegungen auf der ganzen Welt, hinter denen immer auch konkrete Visionen einer anderen sozialen und wirtschaftlichen Gesellschaftsordnung für die Zeit nach einer Lösung des globalen Großkonflikts standen.

Die Hippie- und Friedensbewegung beispielsweise und auch die Anliegen und Verwerfungen der 68er-Generation wären kaum denkbar gewesen ohne das Zerrbild der flackernden Atompilze, die die allermeisten Menschen nur aus dem Fernsehen oder eben dem Kino kannten. Mit dem Epochenjahr 1989 verwandelte sich die Angst vor dem Atomkrieg urplötzlich in einen Anachronismus, und für einen Moment trat die westliche Welt in eine Zeit, in der existenziellen Ängsten keine konkrete und allumfassende Materialisierung gegenüberstand.

Spätestens mit der großen Verbreitung umweltpolitischer Themen in der breiten Mitte der Gesellschaft entwickelten sich jedoch neue Katastrophenplanspiele, die stets flankiert worden sind von den großen, bilderproduzierenden Medien wie etwa dem Hollywoodkino, das die kollektiven Ängste immer wieder neu für alle sichtbar auf die Leinwand projiziert. Und dabei fast immer mit der Vision einer anderen Weltordnung nach dem Eintreten der gefürchteten Beinaheauslöschung verbindet.

Wie sehr die Idee eines mythisch-verklärten Neuanfangs auch in unserer modernen Zeit die Menschen fasziniert, zeigt sich in den verschiedensten medialen Szenarien, etwa wenn die Dringlichkeit berechtigter globalökologischer Anliegen mit apokalyptischen Szenarien garniert wird, die wiederum direkt aus einem Hollywoodfilm zu stammen scheinen. Noch Mitte der 1990er-Jahre gehörte die fiktive Fernsehdokumentation „Crash 2030", die Bilder von überschwemmten deutschen Küstenlandschaften aufwendig simulierte, zu schulischen Curricula. Bereits 1986 hatte ein „Spiegel"-Titelbild einen Kölner Dom gezeigt, der bis zu den Türmen in einem ganz Deutschland bedeckenden Ozean versunken war.

Auch einige Protagonisten der heutigen Klimaschutzbewegung operieren vor dem Hintergrund ihres sehr berechtigten Anliegens mit maximalen Katastrophenbildern. Sie klingen gelegentlich, als würden sie das finale Desaster herbeisehnen, um in der Folge nicht nur mit einer anderen Umwelt- und Klimapolitik dem Planeten zu einem neuen Erblühen zu verhelfen, sondern um ganz allgemein nach der großen Flut eine neue, bessere Weltordnung zu etablieren.

Dass die Vision eines anderen blauen Planeten eventuell auch ohne Monsterwellen und versinkende Kontinente eine Chance auf eine Realisierung haben könnte, wäre so gesehen eine optimistischere Lesart desselben Glaubens an die Fähigkeit menschlicher Zivilisation, sich nicht nur weiterzuentwickeln, sondern vielleicht sogar noch einmal von vorn anzufangen.

Alexander Kohlmann, Jahrgang 1978, hat während seines Studiums diverse mediale Sintfluten wie zum Beispiel den ewigen Untergang der „Titanic" verfolgt. Der promovierte Medienwissenschaftler arbeitet als Schauspieldramaturg und Publizist und hat in mare unter anderem über das „Kreuzen im Theatermeer" (mare No. 88) und die unerfüllbaren Paradiesvisionen der westlichen Welt geschrieben (No. 137).

Von Kevin McAleer

Der Bulle und die Wellen

Im Juni 2021 starb Greg Noll im Alter von 84 Jahren. Ein Großer des Surfsports, groß in jeglicher Hinsicht. Er ritt als einer der Ersten die Big Waves von Hawaii und war Vorbild für Generationen von Surfern. Weil er die Wellen auf die Hörner nahm

In memoriam Greg Noll, Big-Wave-Pionier, 1937–2021

AM 22. DEZEMBER 1943 PADdelten Woody Brown und Dickie Cross auf ihren Surfbrettern vom Sunset Beach an der North Shore von Oahu hinaus aufs Meer. Die ohnehin schon heftige Brandung nahm rapide zu, und bald hatten die Wellen furchteinflößende Dimensionen. Die stärkste Brandung seit Jahren. Dann begannen die Wellen auf voller Länge zu brechen und so zuzumachen – ein Closeout, der sie unsurfbar machte. Damit war es Cross und Brown unmöglich geworden, sicher zum Strand zu surfen, und die abziehenden Riesenwellen hatten den Channel, über den sie hinter die Brandung gepaddelt waren, in eine gewaltige Rippströmung verwandelt, durch die sie nicht wieder zurückkamen. Sie saßen fest. Knapp einen Kilometer vom Land entfernt. Dann hatten sie einen genialen Einfall: Wir paddeln in der Waimea Bay an Land.

Die North Shore war damals weitgehend Aqua incognita. Es war erst wenige Jahrzehnte her, dass Einheimische wie Duke Kahanamoku das Surfen in Hawaii hatten aufleben lassen, auch sie surften vor allem an kleineren Breaks wie Waikiki an der Südküste von Oahu. Doch im Winter gibt es an der South Shore keine richtige Brandung. Darum hatten sich Brown und Cross ja überhaupt zur North Shore aufgemacht. Ihnen war langweilig.

Die Langeweile war verflogen, als sie sich paddelnd über 15 Meter hohe Wellen kämpften, um zum fünf Kilometer entfernten Waimea zu gelangen und dort, so hofften sie, sicher an Land zu kommen. In Waimea mussten sie allerdings feststellen, dass die Brandung gigantisch und ebenfalls dicht war. Und zwar über die gesamte Bucht hinweg. Inzwischen wurde es dunkel. Im Dämmerlicht und zwischen den Monsterwellen verloren sie ihre Bretter. Nun mussten sie schwimmen. Brown wurde an Land gespült und überlebte knapp. Dickie Cross verschwand einfach; seine Leiche wurde nie gefunden.

14 Jahre später hatte immer noch niemand Waimea Bay gesurft. Zum einen, weil sich die Wellen hier nur selten brachen. Dazu musste schon ein Wintersturm über den Nordpazifik angerast kommen, und der brachte dann Albtraumbrecher, die nicht aussahen, als könne man sie surfen. In der Bucht gab es angeblich Haie und einen fiesen Rückstrom, der einen aufs Meer hinaus reißen konnte – man munkelte sogar, dass Waimea Bay mit einem alten hawaiianischen Fluch belegt war. Um den Ort rankten sich Tabus, eine selbstmörderische Aura haftete ihm an.

Doch der junge Kalifornier Greg Noll ließ sich dadurch nicht allzu sehr beeindrucken. Drei Jahre lang war er mit seinen Kumpel auf dem Weg nach Sunset Beach schon an Waimea vorbeigekommen. Wenn es Wellen gab, hielten sie an, und Noll versuchte die anderen zu überreden, es einfach einmal zu wagen. Doch niemand wollte. An einem Novembertag im Jahr 1957 war es dann so weit. „Ich schnappte mir schließlich mein Brett vom Auto und tat es", so Noll. Sein Freund Mike Stange kam mit. Die beiden paddelten hinaus, Noll erwischte die erste Welle, und als die Jungs am Strand sahen, dass er noch lebte, paddelten auch sie hinaus.

Greg Noll, der erste Mensch, der Waimea surfte – so hieß es in jedem Nachruf auf ihn. Wie bei Neil Armstrong, dem ersten Menschen auf dem Mond. Der Vergleich ist gar nicht so weit hergeholt, denn es heißt, die Nasa hätte einst Big-Wave-Surfer als Astronauten für ihr frisch gestartetes Weltraumprogramm ins Auge gefasst. Das mag nur eine Legende sein, aber doch vorstellbar, denn dieser Typ Surfer war nicht nur körperlich und psychisch außergewöhnlich belastbar, sondern auch bereit, dorthin vorzustoßen, wo sich sonst niemand hinwagte, und „es zu tun", um Nolls lakonische Formulierung zu bemühen.

Linke Seite **Greg „Da Bull" Noll auf Oahu, 1964 („Bull" für „Stier" und „Da" für „the" im hawaiianischen Pidgin)**

Greg Noll wurde 1937 in San Diego geboren und wuchs in Manhattan Beach im Süden von Los Angeles County auf. Mit acht Jahren bekam er seinen ersten Job als Köderstreuer am Pier, mit elf begann er zu surfen. Sein Board war alt und aus Rotholz und wog mehr als er selbst, also ließ er es bei Dünung unter dem Pier liegen, ohne dass es gestohlen wurde, denn das lohnte sich entweder nicht oder die Zeiten damals waren einfach anders. Greg hing mit den älteren Surfern herum, die ihm nicht nur beibrachten, wie man Wellen reitet, sondern auch, wie man trinkt, Frauen aufreißt und Krawall macht, womit das Muster seiner jungen Jahre vorgezeichnet war. Außerdem lernte er Surfboards zu bauen, was ihm ein finanzielles Standbein bot, und gab sich mit 16 als älter aus, um Strandwächter zu werden, ein zweites Standbein.

1955 trat der vielseitige Wassermann bei der ersten Paddelbrettregatta von Catalina Island nach Manhattan Beach an. Die Strecke ist eigentlich 52 Kilometer lang, aber da es neblig war und Nolls Begleitboot keinen Peilsender hatte, kam er vom Kurs ab, paddelte um die 80 Kilometer und landete trotzdem auf dem zweiten Platz. Im Jahr darauf reiste er mit dem US-Paddelbrettteam nach Australien zur internationalen Strandwächtermeisterschaft, die zeitgleich mit den Olympischen Sommerspielen 1956 in Melbourne stattfand. Weil sie die Gelegenheit nutzen wollten, ein wenig zu surfen, nahmen Noll und einige andere ihre Surfbretter mit und zahlten die Frachtkosten aus eigener Tasche.

Die Australier hatten noch nie so leichte und schnittige Boards gesehen (sie hießen auch „Malibu-Chips"), und dazu hatten sie noch nie erlebt, dass jemand die gesamte Welle ritt, nicht nur das Weißwasser bis zum Strand. Bei ihrer Abreise ließen Noll und sein Team ihre Bretter

Rechte Seite oben **Gregs Surfshop in Hermosa Beach, Kalifornien, 1963.** *Darunter* **Als Model (links) mit Phil Edwards, 1965**

zurück, damit die Aussies auf den neuen Stand kommen konnten, und spielten so eine Schlüsselrolle bei der Verbreitung moderner Surftechniken und -ausrüstung in Down Under.

Greg hatte seine kalifornischen Kumpel beim Reiten der australischen Wellen gefilmt und machte auf dem Heimweg Zwischenstopp in Hawaii, um an den Spots der North Shore zu surfen und dort weiteres Material für seinen ersten Film aufzunehmen. In den folgenden Jahren drehte er mehrere weitere Surffilme, die nicht nur zu den ersten des Genres zählten, sondern von Bruce Brown, dem Regisseur des Klassikers „The Endless Summer", als „genauso gut oder besser als alle anderen in dieser Zeit" bezeichnet wurden. Noll führte in diesen Filmen Regie und trat auch selbst auf – während er sein Können auf den Wellen bewies, übernahm seine Frau die Kamera. Ach ja, denn mittlerweile lag sein Schulabschluss ein Jahr zurück, und er hatte geheiratet. Und seinen ersten Surfshop eröffnet. Allerdings war er nun auch im wehrpflichtigen Alter, und Uncle Sam klopfte bei ihm an. Das Militär hätte seinem freiheitsliebenden Lebenswandel einen Dämpfer verpassen können, doch er meldete sich für die United States Coast Guard Reserves in Hawaii und verbrachte so einen Großteil seines Militärdiensts damit, die North Shore zu erkunden, neu entdeckte Breaks zu taufen (so das Noll's Reef) und die Eroberung von Waimea Bay anzuführen.

Vergleicht man Nolls Lebensleistungen im Alter von 20 Jahren mit denen von Alexander dem Großen, liegt Alexander in meinen Augen vorne, wenn auch knapp.

Es war nur gerecht, dass der Name Waimea untrennbar mit demjenigen verbunden wurde, der die Wellen dort geknackt hatte. Noll untermauerte seinen Ruf als Waimea-Bezwinger, indem er dort immer wieder Riesenwellen surfte, was sich für jemanden, dessen Lebensmittelpunkt Kalifornien war, nicht ganz einfach gestaltete. Doch er fand auch hier eine Lösung.

Er hatte eine Abmachung mit den Big-Wave-Surfern Peter Cole und José Angel, die auf ihrem morgendlichen Weg zur Arbeit täglich in Waimea vorbeikamen. Falls es aussah, als würde der Tag große Wellen bringen, riefen sie Greg an, der sofort ins nächste Flugzeug stieg und dank des dreistündigen Zeitunterschieds zwischen Kalifornien und Hawaii schon am frühen Nachmittag auf seinem Board in Waimea hinauspaddeln konnte. Und da die Dünung Kalifornien etwa drei Tage später erreichte, nachdem sie an den hawaiianischen Inseln schon leicht abgeflaut war, konnte Noll zum Festland zurückfliegen und dieselben Brecher noch einmal erwischen, wenn sie am Big-Wave-Spot Lunada Bay gleich um die Ecke von seinem Surfshop ankamen.

Auch nach den heutigen, gigantomanischen Maßstäben – geprägt von Surfern, die sich von Jetskis in die unheilbringenden Outer-Reef-Riesenwellen ziehen lassen, ausgestattet mit Spezialbrettern, Fußschlaufen und aufblasbaren Rettungswesten, die sie nach einem brutalen Wipeout wieder an die Wasseroberfläche ziehen – ist Waimea ein Bild für die Götter. Und auch heute noch reicht kein anderer Fleck auf Erden an die North Shore heran, mit ihrer Fülle an kolossalen und dabei surfbaren Wellen und mindestens einem halben Dutzend Riffs, die für Acht-Meter-Brecher sorgen. Hier zu surfen bleibt eine beängstigende Prüfung.

Das Unglaubliche an Noll und seinesgleichen ist nicht nur, dass sie die North Shore quasi erschlossen haben, sondern dass ihre Ausrüstung dabei so primitiv war. Ganz abgesehen davon, dass es damals keine Fußleinen gab, sodass man seinem Surfbrett nach einem Wipeout hinterherschwimmen musste, waren diese Bretter ein Witz – was bedeutet, dass die Jungs ihnen sehr oft nachschwammen. Für die Australier mag das Standarddesign, das die meisten dieser Boards damals hatten, ein Augenöffner gewesen sein, doch es war für die langsameren und kleineren Wellen Kaliforniens gedacht und verhielt sich in Hawaii vergleichsweise sperrig.

Ein Problem war die Nase, die nur sehr leicht aufwärts gebogen war und sich daher in die Wasseroberfläche drücken konnte, mit dem Ergebnis, dass das Brett nicht selten unterging, wenn man es die Steilwand einer der hohen Wellen an der North Shore hinabritt. In den alten Filmen aus den 1950ern und frühen 1960ern sieht es aus, als würden die Jungs die Hälfte der Zeit in den steilen Drops pearlen, also die Spitze ihrer Boards unter die Oberfläche der Wellenwand schieben, was zum Wipeout führt. Die Surfboardentwicklung

Greg Noll
SURFBOARDS
OPEN

COUNTRY

hinkte den Surfern und ihren Wellen hinterher. Doch Noll ließ sich auch hiervon nicht abhalten, eine weitere Wellenfestung zu belagern: die Outside-Pipeline.

Die Erstürmung der Pipeline dauerte noch länger als die Eroberung von Waimea. Nach dem Takeoff befand man sich in der Pipeline fast im freien Fall, die Welle wurde zum Tunnel, während man die Wand hinunterritt, und brach sich dann in flachem Wasser voller Korallenköpfe und Lavagestein, wie gemacht, um Surfer zu verstümmeln oder zu Tode zu malmen. Der Erste, der die Pipeline surfte, war 1961 Nolls kalifornischer Landsmann Phil Edwards. Doch Edwards war am Innenriff geblieben. Weiter draußen gab es zwei weitere Riffs, an denen die Wellen noch höher waren. Das grundlegende Problem der Outside-Pipeline war dasselbe wie in Waimea: Die Wellen brachen nur selten. Doch im November 1964 feuerten die Riffs, außen wie innen, aus allen Rohren, und Noll beschloss, die Sache anzugehen.

Wieder einmal war Mike Stange an seiner Seite. Sie brauchten eine Stunde, um durch das garstige Wellenfeld der ersten beiden Riffs zu paddeln. Als sie endlich das dritte erreichten, fanden sie sich am Rand eines blauen, bodenlosen Wasserschlunds. Wenn Waimea der Mond war, war dies der Mars. Seit Menschengedenken war niemand vor ihnen dabei gewesen, als sich hier die Wellen brachen, zumindest niemand, der die Absicht gehabt hätte, diese Wellen zu reiten. (Vielleicht wäre es auf bizarre Weise ermutigend gewesen, wenn es über die Outside-Pipeline irgendeine Art von Surfschauergeschichte gegeben hätte, und sei es eine mit so tödlichem Ausgang wie die des Dickie Cross.)

Weil die Wellenreihen so weit auseinanderlagen, mussten Noll und Stange acht Stunden hin und her paddeln, um die Lage zu checken und die günstigste Wartestellung zu finden. Nur von der perfekten Ausgangsposition aus konnte man genug Paddelgeschwindigkeit aufbauen, um gegen die Wassermassen anzukommen, die an der riesigen Wellenwand hinaufrasten, und den Drop zu erwischen: den Augenblick, in dem man auf dem Brett zum Stehen kam und es die Wellenwand hinunterfiel. (Mit der Erfindung des Tow-in-Surfens fiel dieses Problem weg.) Doch Noll tat es. Die Welle baute sich weit draußen im Meer auf. Er hatte genügend Zeit, sie kommen zu sehen, und als er die Steilwand hinunterritt, wurde sie nicht, wie sonst üblich, langsam kleiner, sondern schwoll sogar noch an. Immer größer und schneller wurde die Welle, Noll fühlte sich „wie in einem Raumschiff, das ins Nichts rast", und dieses Mal wurde seine Heldentat für die Ewigkeit auf Film gebannt.

All diese Geschichten nährten den Mythos um Noll. Doch es gab damals noch andere bekannte Big-Wave-Surfer – darunter Ricky Grigg, Buzzy Trent, Pat Curren –, und Noll hatte mit seinem prosaischen Ansatz und seiner Sumoringer-Haltung auf dem Brett bei Weitem nicht die Eleganz eines Phil Edwards oder Miki Dora oder der hundert anderen, die mit Flair und Stil surften. „Mich hat eigentlich nur eine Sache ausgezeichnet", sagte Noll. „Ich war in der Lage, meinen Arsch eine ordentlich große Wellenwand hinunterzukriegen."

Es gab allerdings noch ein paar mehr Dinge, die ihn auszeichneten. Da waren zum einen seine schwarz-weiß gestreiften „Sträflingsshorts", an denen man ihn im dichten Gedränge des Lineup leicht erkennen konnte, zum anderen sein Spitzname „Da Bull" („Bull" für „Stier" und „Da" die hawaiianische Pidginform des Artikels „the"), der ebenso gut zu seinem massigen Oberkörper passte wie zu seiner Art, die Wellen auf die Hörner zu nehmen. In einer Surferwelt, in der „Grubby", „Corky" und „Flippy" Spitznamen waren, fiel das Kampfeslust suggerierende „Da Bull" auf.

Außerdem hatte er eine mächtig große Klappe. Klar, er spielte es alles herunter, natürlich, keine große Sache, 60 Zentimeter oder sechs Meter, Welle ist Welle, Hauptsache, man scheißt sich nicht in die Hose, bescheiden, aber doch Alphamännchen, das absichtliche Kleinreden, durch das man als stoisch-cooler Held rüberkommt, einer, der noch lacht, während ihn die Wellen unter Wasser drücken, für den selbst Wipeouts ein Riesenspaß sind, aber das alles stets mit dem Grundton: Hier geht's um Leben und Tod, Alter, das unterscheidet die Männer von den Jungs, die Gladiatoren von den Zuschauern, die schwerelosen Astronauten von den staubigen, kleinen Erdlingen! Ganz im Gegensatz zu Hawaiianern wie George Downing, der abseits vom Licht der Öffentlichkeit Riesenwellen in Makaha an der weniger gehypten Westküste von Oahu surfte, damit nicht prahlte und auch sonst wenig redete, sondern sein Board einfach bis zum nächsten Mal abstellte und sich ein paar Primo-Biere genehmigte.

Noll hingegen war ein ausgebuffter Selbstdarsteller. Darin blieb er seinen L.A./Hollywood-Wurzeln treu. Und er nutzte die Synergie zwischen seiner Big-Wave-Kompetenz und seinem Surfboardgeschäft, denn dass er auf Boards aus eigener Entwicklung surfte, hob ihn zum einen von denen ab, die „nur" surften, und kurbelte zum anderen den Umsatz an.

Waimea Bay + Sträflingsshorts + Da Bull = GREG NOLL SURFBOARDS = $$$

Mitte der 1960er-Jahre hatte er seinen ersten kleinen Laden lange aufgegeben und betrieb stattdessen eine topmoderne Fabrik, die einen ganzen Block in Hermosa

Linke Seite oben **„Der Bulle" (rechts) in Sunset Beach, Hawaii, mit Ricky Grigg (ganz links), 1966.** *Darunter* **In der Welle (links), 1966**

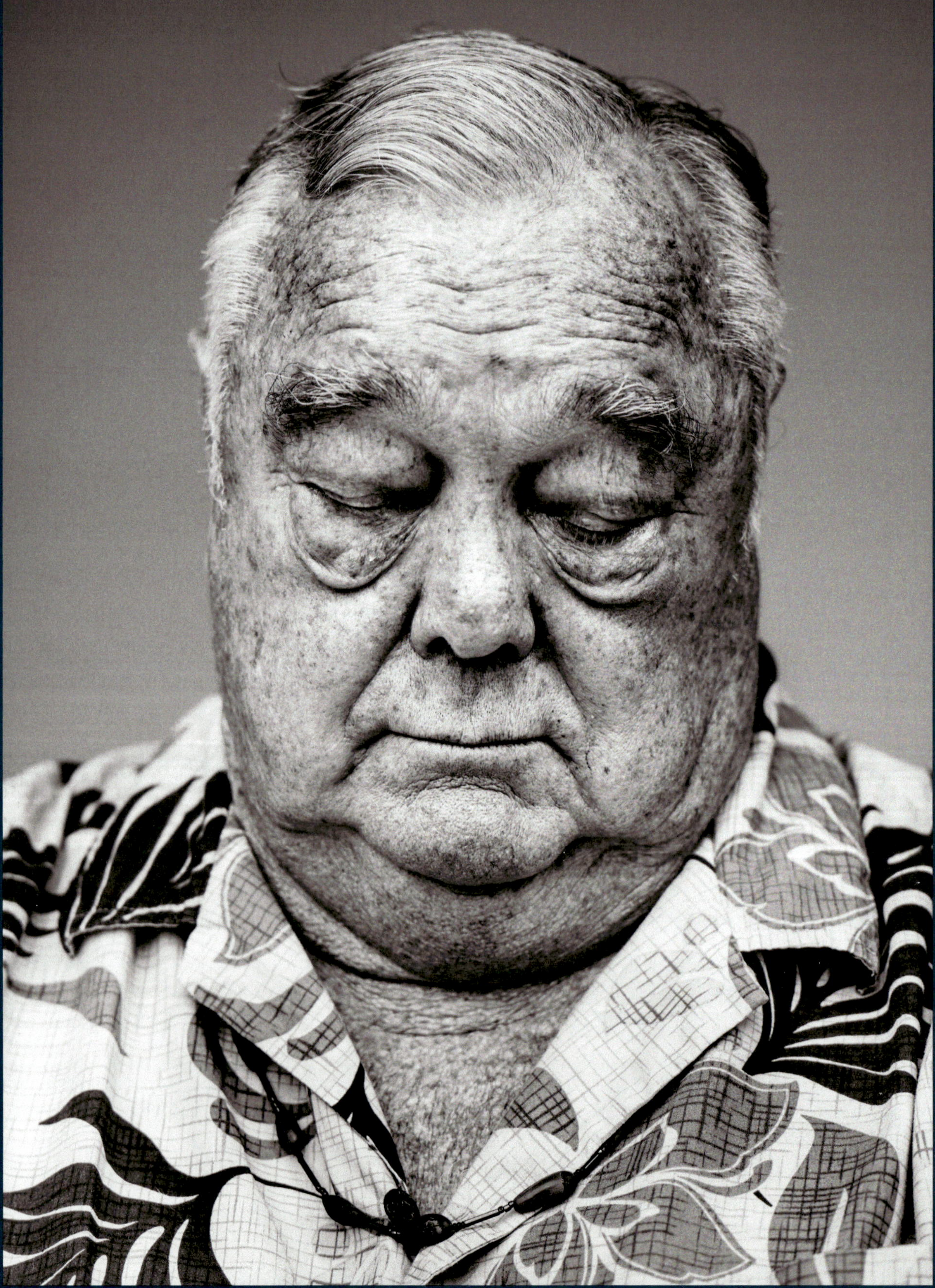

Beach einnahm, mit 65 Beschäftigten und einem Output von 200 Boards in der Woche. Surfen erlebte einen Boom, der die Nachfrage in die Höhe schnellen ließ. Das Problem war natürlich, dass all die fähigen Shaper und Glasser und sonstigen Mitarbeiter selbst surften und die schlechte Angewohnheit hatten, blauzumachen, wenn die Wellen sich brachen. Doch Da Bull ging das Geschäftliche mit derselben ungerührten Einstellung an wie die großen Wellen. In seiner Fabrik hing ein riesiges Porträt von ihm, mit Sombrero und Sarape bekleidet und einer Machete in der Hand, darunter die Inschrift „SO WACHT NUN! DENN IHR WISST NICHT, WANN DER MEISTER KOMMT“.

Greg Noll Surfboards lieferte stets pünktlich. Doch der Meister ward müde. die „Shortboard-Revolution“ der späten 1960er, eine Umwälzung im Surfboarddesign, die vor allem in dem Land ihren Anfang nahm, dem er selbst noch ein Jahrzehnt zuvor kürzere, leichtere Bretter schmackhaft gemacht hatte – Australien.

Und als wäre das alles nicht genug, veränderte sich auch die Geschäftslandschaft. „Surfshops waren keine Surfshops mehr, sie wurden zu Warenhäusern, die Klamotten und den ganzen anderen Scheiß verkaufen, den es da heute gibt.“ So sprach der Typ, der seine Sträflingsshorts zum bekanntesten Surferkleidungsstück in der Geschichte dieser Sportart machte. Wenn jemals ein Mann in seiner eigenen Schlinge gefangen wurde, war es Noll.

nicht mehr surfte, lebte seine Liebe für die großen Wellen in Menschen wie dem berühmten Tow-in-Surfer Laird Hamilton weiter. Noll hat seine Bewunderung für Hamilton und andere Tow-in-Akrobaten mehrfach öffentlich zum Ausdruck gebracht. Big-Wave-Surfer aller Zeiten verbindet eine Art Kameradschaftsgeist, und Nolls Wertschätzung der jungen Garde wirkte echt … wenngleich andere Verlautbarungen von ihm einen leichten Vorbehalt ahnen lassen. So sagte er einmal, Surfen „im eigentlichen Sinn“ komme ohne Jetskis, Sauerstofftanks und Rettungswesten aus. Es bedeute einfach „auf dem eigenen Brett hinauspaddeln, mit eigener Kraft in die Welle paddeln und das Scheißding reiten und dann allein wieder da herauskommen“.

Linke Seite **Greg Noll in Crescent City, USA, 2017**

Jedenfalls innerlich. 1969 ritt er eine Welle, die er als „mindestens drei Meter höher als alles, was ich in Waimea Bay gesurft bin“ betitelte (was wahrscheinlich nicht stimmt, auch wenn manche behaupten, dass er sie bis zu seinem Lebensende geritten hat), danach ebbten seine Surfaktivitäten ab und mit ihnen seine Begeisterung für die Welt des Surfens. „Alles, was ich als junger Mann kannte, ging den Bach hinunter.“ Was er damit wohl sagen wollte, war, dass das Hardcore-Rebellentum des Surfens durch seine zunehmende Popularisierung und Kommerzialisierung verwässert wurde – zwei Entwicklungen, die Noll selbst mit vorangetrieben hatte.

Darüber hinaus nahm der extrem wettkampforientierte Noll Anstoß am Wildwuchs der Surfwettbewerbe mit ihren Unternehmenssponsoren und ihrem Renommee, was ebenfalls befremdlich anmutet, hatte er doch in den frühen 1960ern eigens das Greg Noll Surf Team gegründet, um seine Marke bekannter zu machen. Schließlich fand er weder persönlich noch geschäftlich Anschluss an

Er wickelte sein Surfboardunternehmen ab, zog nach Crescent City an der Grenze zum US-Bundesstaat Oregon und wurde Berufsfischer. So fuhr er immer noch aufs Meer, allerdings unter weitaus strapaziöseren Bedingungen, als er sie je als Surfer erlebt hatte, was sein Machoimage noch steigerte. Nach erfolgreichen Jahren als Fischer wurde er dieser Unternehmung genau rechtzeitig überdrüssig, um das Gewinnpotenzial der Surfnostalgie anzapfen zu können, die in den 1990er-Jahren aufkam. In seiner kleinen Werkstatt in Nordkalifornien stellte er wieder Boards her und schloss damit den Kreis zu seinen Anfängen als kleiner Gremmie, der in der Garage seiner Eltern Surfbretter gebaut hatte. Es waren sogar die gleichen Boards.

Seine Auftraggeber waren Leute, die sich Nachbildungen der historischen Boards wünschten, als Kunstobjekte oder in manchen Fällen sogar zum Surfen, denn auch die Longboards erlebten nach zwei Jahrzehnten Shortboardvorherrschaft eine Renaissance. Und obwohl er schon lange

Habt ihr das gehört, all ihr Möchtegern-Big-Wave-Surfer? Von denen es, da bin ich sicher, nur sehr wenige gibt, und darum gibt uns Da Bull noch eine letzte, unverblümte Weisheit mit auf dem Weg, die auch Nichtsurfer befolgen können: „Zögere nicht. Sobald du weißt, dass du's tun willst, tu's. Eiere nicht herum. Mitten in der Welle plötzlich wankelmütig zu werden bringt dir mehr Probleme ein, als wenn du einen Entschluss fasst und go for it.“

Go for it – tu es einfach.

Das Mantra der Surfer und eine gute Lebensweisheit.

Und das ist kein Bullshit.

Aus dem Amerikanischen von Julia Ritter

Kevin McAleer, 1961 in Santa Monica, Kalifornien, geboren, lebt und arbeitet heute als Schriftsteller und Übersetzer in Berlin. Er ist der Verfasser des Romans „Surferboy“ (deutsche Erstausgabe mareverlag, 2015), und im Oktober erscheint sein neuester Roman „POSTDOC. The Foreign and Other Misadventures of a Ne'er-Do-Well Scholar“ bei PalmArtPress.

Gefesselt ins Meer

Wer an Bord die Ordnung gefährdete, wurde bis ins 19. Jahrhundert hinein unter dem Schiffsrumpf durchgezogen. Eine kleine Geschichte des Kielholens

Von Silvia Tyburski

Stahlstich von Marie Hilaire Guesnu nach Antoine Léon Morel-Fatio, 1844

Hilflos hängt der Schiffsarzt in der Luft, gut drei Meter über dem Schiffsdeck. Hände und Füße sind gefesselt, das Seil, das ihn hält, ist an einem Ende der Rahe befestigt. Auf das Zeichen des Kapitäns hin werden seine Kameraden ihn gleich unter dem Kiel hindurchziehen, vermutlich mehrmals. Dass er dabei verletzt wird, ist sicher. Ob er überlebt, nicht. Hunderte Menschen verfolgen gebannt das Geschehen: die Mannschaft an Deck und Schaulustige auf kleineren Schiffen ringsum.

Was hatte der Mann wohl verbrochen, den der holländische Maler Lieve Pieterszoon Verschuier Ende des 17. Jahrhunderts auf Leinwand verewigte? Hatte er einen Aufstand gegen Jan van Nes angezettelt, den Admiral des Schiffs? Im Amsterdamer Reichsmuseum, wo das Gemälde hängt, bleibt man vage. Es kann sogar sein, sagt der Kurator Jeroen ter Brugge, dass die Szene nur der Fantasie des Rotterdamer Malers entsprungen ist. Trotzdem sei die Darstellung repräsentativ für eine Prozedur, die bis ins 19. Jahrhundert hinein auf holländischen Schiffen, aber auch von anderen Seefahrernationen als Strafe an Bord verhängt wurde: das Kielholen.

Bis heute ranken sich Mythen um diese Tortur. Die Vorstellung, dass jemand langsam ertrinkt, während er unter einem fünf bis sieben Meter tiefen Kiel hindurchgezogen wird, weckt die Urangst vor dem Wasser in uns Menschen. Vielleicht auch Sensationslust, ein angenehmes Gruseln – nicht nur Verschuier fand in den Erzählungen der Seeleute Inspiration. Noch Jahrhunderte später wird in Romanen und Filmen kräftig gekielholt.

Etwa in einer Szene, die vermutlich frei erfunden ist, in „Meuterei auf der Bounty“ von 1962. Begleitet von dem strengen Blick des Kommandanten Bligh, wird ein Matrose von der Rahe gestoßen und unter dem Schiffsrumpf durchgezogen. Noch bevor seine Kameraden die Leine einholen können, wird er von einem Hai zerfleischt.

Tatsächlich starben Delinquenten beim Kielholen wohl selten durch Haie. Kleinere Tiere waren viel gefährlicher: Seepocken etwa, die am Schiffsrumpf wuchsen. Ihre scharfen Kanten rissen die Haut auf, besonders bei Hitze entzündeten sich diese Wunden. Der Hamburger Autor Johann Hinrich Röding beschreibt um 1800 die „insonderheit auf holländischen Schiffen gebräuchliche Leibstrafe für Hauptverbrechen“: „Man bindet dem Verbrecher ein Tau um den Leib, welches unter dem Kiel durch nach der anderen Seite des Schiffs fährt. Alsdann belastet man ihn mit Steinen, damit er nicht an den Kiel stoße, läßt ihn von der großen Raa, woselbst das andere Ende des Taues befestigt ist, ins Wasser fallen, und zieht ihn unter dem Schiffe durch an der anderen Seite wieder heraus. Diese Strafe wird zuweilen mehrmals wiederholt und nicht selten bricht der Delinquent dabey Arme und Beine oder kömmt gar dabey um.“

Kielholen sei „roh und gefährlich“, warnt im „Dictionnaire de la penalité“ (1825) der französische Schriftsteller Edme-Théodore Bourg. Ein Kanonenschuss kündige den Beginn an, zudem werde am Fockmast die Hinrichtungsflagge gehisst. In der französischen Variante wurde der Straftäter auf einer Planke festgebunden und diese mit einer Kanonenkugel beschwert. Sie sollte anstelle der Steine und der Bleiweste dafür sorgen,

Wurde überall und zu allen Zeiten praktiziert: Kielholen, Holzschnitt aus dem 15. Jahrhundert

dass genügend Abstand zwischen dem Gekielholten und dem Schiffsrumpf blieb. Andernfalls, oder wenn die Leine zu schnell eingeholt wurde, konnte es passieren, „dass dem Missetäter sein Schädel zerschmettert wird". So erzählt es der Ulmer Arzt Christopher Frick (1659–nach 1714), der bei der Niederländischen Ostindienkompanie anheuerte. Und im „Marine Dictionary" von 1753 des Schotten William Falconer heißt es lapidar: „Da diese außergewöhnliche Strafe mit der Gemütsruhe durchgeführt wird, die den Holländern zu eigen ist, werden dem Schuldigen während des mehrmaligen Prozesses ausreichend Pausen gewährt, um das Schmerzempfinden wiederzuerlangen."

Genau darum ging es wohl: Der Täter sollte nicht notwendigerweise sterben. Schließlich hätte man einen rebellischen Matrosen auch mit weniger Aufwand beseitigen können – ihn hängen, erschießen oder aussetzen.

Eine Erfindung der Niederländer ist die Strafe wohl nicht. Vermutlich hängt ihnen der schlechte Ruf nach, weil sie lange Zeit die größte Seefahrtsnation waren und es deshalb mehr Berichte über das Leben auf niederländischen Schiffen gibt. Eine der frühesten Darstellungen des Kielholens oder einer ähnlichen Wasserfolter ist auf einer griechischen Vase aus dem fünften Jahrhundert vor Christus zu sehen. Im Wasser versenkten die Menschen schon seit der Antike alles Leben, das ihnen Angst machte: missgebildete Kinder, Zwitter, Prostituierte, Vatermörder. Und eben Männer, die die Ordnung an Bord in Gefahr brachten; weil sie während der Wache geschlafen hatten oder, wie es in einer französischen Verordnung von 1634 heißt, Wein verschwendet oder nachts Frauen an Bord geholt hatten. Der schwedische König Gustav I. Wasa entschied 1535, Gotteslästerung sei ein hinreichender Grund, einen Seemann zu kielholen. In Dänemark konnte es auch Männer treffen, die mit Syphilis an Bord gegangen waren.

„Nicht selten bricht der Delinquent dabey Arme und Beine"

Das Kielholen taucht in Gesetzestexten fast aller seefahrenden Länder oder den Schriften ihrer Geschichtsschreiber auf. In der englischen Royal Navy soll es das Kielholen seit dem elften Jahrhundert gegeben haben, in den Niederlanden findet man die erste Erwähnung in einem „Artikelbrief" von 1537. Diese schriftliche Aufstellung der Schiffseigner über die Regeln an Bord wurde der Mannschaft während einer Reise mehrmals vorgelesen, damit auch Analphabeten wussten, was ihnen dräute, wenn sie meuterten oder desertierten. Auch der deutsche Historiker Johann Christian Lünig beschreibt 1720 die Praxis.

Im 18. und 19. Jahrhundert wurde das Kielholen schließlich abgeschafft. Nach dem schottischen Historiker Angus Konstam führte die Royal Navy es von 1730 an nicht mehr als akzeptable Strafe auf. In Frankreich wurden in einem Dekret von 1848 potenziell tödliche Körperstrafen durch Gefängnis ersetzt. Das niederländische Marineministerium unterband Kielholen 1854, und im preußischen Seerecht von König Friedrich Wilhelm von 1727 werden in den Regeln für die Handelsflotte nur mildere Strafen erwähnt.

Aber wie kommt man überhaupt darauf, einen Menschen unter dem Schiff hindurchzuziehen? Aberglauben, genährt durch die Angst vor der todbringenden Tiefe des Meers, ist wohl die Wurzel des Rituals. „Ertrinken hat bei allen Völkern, wie der Blitzschlag, nicht blinden und unerklärlichen Zufallscharakter. Wer im Wasser umkommt, büßt irgendeine unbekannte Schuld. Man soll den Ertrinkenden nicht retten", schreibt der Kriminologe Hans von Hentig in seinem Nachschlagewerk „Die Strafe" von 1954. Wasserstrafen können den Verurteilten aber auch von seiner Schuld reinwaschen: An Bord der Ostindienfahrer, schreibt der niederländische Autor Herman Ketting, seien Sünder an der Backbordseite hineingeworfen worden, die als „schmutzige" Seite galt. Herausgezogen wurde steuerbord, auf der „ehrenhaften" Seite.

Der Militärhistoriker Heinrich Walle meint, eine antike Technik zur Reparatur von Lecks könnte einst die Fantasie der Kapitäne befeuert haben. „Das ‚Umgürten' eines Schiffs wurde erstmals in der Apostelgeschichte des Neuen Testaments beschrieben", sagt er. Dafür sei je eine Tauschlinge vom Bug zum Heck gelegt und am Oberdeck mit Flaschenzügen dichtgeholt worden. „Auf der einen Seite wurde ein Stück Segeltuch angebändselt und bis zum Leck gezogen. Durch den Wasserdruck wurde die Stelle notdürftig abgedichtet", sagt Walle. Irgendwann, meint er, seien die Seeleute wohl auf die Idee gekommen, statt eines Stücks Segeltuch einen Menschen unter dem Kiel durchzuziehen. „Ich glaube, dass sich Kielholen zunächst als Initiationsritus entwickelt hat", sagt Walle. Von der Mutprobe ist es nicht weit zur Foltermethode.

Und Folter fasziniert die Menschen seit je. Den Zuschauern auf Verschuiers Bild sieht man an, dass die Prozedur für sie einen Unterhaltungswert hatte. Und auch der dänische Schiffschirurg Johan Petri Cortemünde, der auf der holländischen „Oldenborg" fuhr, berichtet, wie „der Vizekommandant und andere hohe Herren" 1672 dabei zusahen, wie er gekielholt wurde. Offenbar ging die Sache für ihn deutlich besser aus als für die Delinquenten der meisten Piratenfilme. „Es endete", schreibt er, „in einem üppigen Abendessen." ∞

Silvia Tyburski, Jahrgang 1976, hat sich drei Versionen von „Meuterei auf der Bounty" angesehen. Gekielholt wird nur in den Verfilmungen mit Clark Gable (1935) und Marlon Brando (1962), nicht in „Die Bounty" mit Mel Gibson (1984). Dafür spielt darin der fabelhafte Anthony Hopkins den Kapitän Bligh und Liam Neeson einen aufrührerischen Matrosen.

Seemann, gestrandet

Nicolas Giese übernahm auf den Fildern einen Schreibwarenladen, und das ist eine Liebesgeschichte. Der Tresen ist ein aufgeschnittener Container, von der Decke baumeln Schiffe – mitten in Schwaben

Text: Mathias Jeschke Fotos: Severin Wohlleben

Als Hans Albers in „La Paloma“ vom „leuchtenden Kreuz des Südens“ träumte, trällerte er lakonisch „Seemannsbraut ist die See / und nur ihr kann er treu sein“. Das allerdings galt für Nicolas Giese nur so lange, bis eine schöne Stuttgarterin mit Namen Konstanze sein Lebensschiff gewaltig ins Schlingern brachte. „Sie hat mich einfach umgehauen“, sagt der große, schwere Mann mit den blonden Haaren und den blauen Augen, der tatsächlich geradewegs einer Hans-Albers-Fantasie entsprungen scheint.

Konstanze stammt aus einer süddeutschen Musikerfamilie. Die Mutter Sängerin, der Vater Cellist, er verdiente als Schulmusiker den Unterhalt, alle vier Kinder lernten Streichinstrumente. Konstanze und ihre Geschwister geigten, so erzählt es Giese sichtlich beeindruckt, bei Bühnenauftritten von Udo Jürgens, James Last und David Knopfler.

„Jetzt musst du noch die Patentante kennenlernen“, sagte Gieses Kollege und Freund, ein Schwager von Konstanze, vor gut sechs Jahren. Nicolas Giese aber hat zu der Zeit noch immer sehr gefremdelt mit allem, was nicht das Meer war. „Ich war zwar nie im Panamakanal“, sagt er, „nie in Indien und nie in Neuseeland, aber ich fuhr durch die Magellanstraße und sehr oft durch den Sueskanal. Und davon abgesehen war ich sonst fast überall“, berichtet er. Als Nicolas und Konstanze unverhofft gemeinsam Paten der kleinen Marlene werden, so erzählt er, sei er ihr gegenüber ungewohnt schüchtern gewesen. Sie lacht, als sie erzählt, wie sich beide da mit einem Mal auf einem sehr kleinen Lübecker Balkon gegenüberstanden, sie und der große Mann.

Drei Monate später seien sie sich dann, nur wie zufällig verabredet, in Lübeck direkt in die Arme gelaufen, Konstanze und er. Und das war nicht nur der Beginn einer bewegenden Liebesgeschichte, sondern auch einer ungewöhnlichen gemeinsamen Lebensplanung. Es wird geheiratet. Und der Seemann erwirbt den Schreibwarenladen in der Kemnater Kurve, der dort schon seit den 1960er-Jahren existiert.

48° 43' Nord, 9° 13' Ost – eine Position, die so weit entfernt ist von jeglichem Meer wie kaum ein anderer Ort in Europa. Ob an die Nord- oder die Ostsee, an den Atlantik, das Tyrrhenische Meer oder die Adria, immer sind es von hier aus mehr als 600 Kilometer. Von Kemnat aus. Kemnat? Ja, ein Dorf auf den schwäbischen Fildern, der fruchtbaren Vorstufe zur karstigen Hochebene der Alb südlich von Stuttgart. Aber hierher hat es den Seebären der großen Liebe wegen nun einmal verschlagen.

Sein Laden ist eine kuriose Mischung aus Schreibwarenladen und Hafenkneipe. Die Toilette im hinteren Teil des Ladens hat Giese aus einem Fischkutter ausbauen und hier wieder einbauen lassen. Und das erzählt viel von der Abenteuerlust und vom Humor des sympathischen Manns. Von der Decke hängen Schiffsmodelle, an den Wänden zahlreiche Zeitungsartikel und maritime Devotionalien.

Es gibt neben allem, was man in einem Schreibwaren-, Tabak- und Zeitschriftenladen finden kann, ein kleines und feines gastronomisches Angebot an Kuchen und anderen Kulinarien. Matjes steht im Zentrum der nicht vorhandenen Speisekarte. Aber es wird auch gegrillt. „Und meine Getränke sind alle trocken“, versichert Giese, „bis auf das Wasser.“

Der lange Freitagabend ist recht bald schon entstanden. Gieses offene Tür wurde zu einem Treffpunkt in der Kemnater Kurve. Man sitzt abends gemütlich zusammen und klönt miteinander, auch wenn das hier nicht so heißt. Häufig gibt es Konzerte oder Lesungen.

Zuletzt fühlte es sich für ihn als Nautiker so an, als müsse er zurück in den Stahlknast, wenn es wieder mit einem Containerschiff auf eine viermonatige Reise ging, sagt Giese. Aber es ist augenscheinlich: Hier, mit Konstanze in Kemnat, hat er seine große Freiheit gefunden. Er strahlt voller Lebensfreude und Elan.

Und er hat weitere Pläne. Im Keller seines Ladens arbeitet er bereits an der Kemnater Zukunft. Irgendwann entsteht da unten nämlich die „Kokosnuss-Bar“, ein kleiner Club, auf den sich viele in Kemnat und Umgebung jetzt schon freuen dürfen. Denn der wird garantiert ebenso legendär wie es Nicolas Gieses „HamburG.Süd TrafikCafé“ jetzt schon ist.

Mango-Avocado-Matjes

Zutaten (für vier Personen)
8 Matjesfilets, 1 Mango, 1 Avocado, 1 Packung Mozzarella, 1 weiße Zwiebel, 1 rote Zwiebel, 4 Radieschen, 200 g Schmand, 8 Scheiben kräftiges Schwarzbrot, Butter.

Zubereitung
Mango, Avocado, Zwiebeln, Radieschen und den Mozzarella klein schneiden. Die Matjesfilets, von den Zwiebelringen bedeckt, mit allen Zutaten auf vier Teller verteilt anrichten. Den Schmand in einem Schüsselchen dazustellen oder auf dem Tellerrand platzieren. Keine Gewürze.

HamburG.Süd TrafikCafé
Heumadener Straße 1,
73760 Ostfildern/Kemnat,
+49 711 4586236.

Geöffnet Mo 9–12, Di–Sa 9–13, Di–Do 15–18, Fr 16–22 Uhr, So geschlossen.
www.trafikcafekemnat.de

Seemanns Braut war mal die See: Seit 2017 sind Konstanze und Nicolas Giese verheiratet

Große Freiheit: Matjes im Schreibwarenladen

Eis der Wahrheit

Der Grönländische Eisschild ist im Mittel 1,5 Kilometer dick und hat viel zu erzählen. In den Schichten des mächtigen Eispanzers können Forscher lesen wie in einem Buch über die Menschheitsgeschichte

Text: Tim Schröder Fotos: Anna Domnick

Linke Seite **Eiskristalle in einem Tunnel, den Forscher gegraben haben**

Oben **Becherkristall aus dem Eisschild, sieben Zentimeter groß**

Linke Seite **Ein Lichtstrahl löst sich im Eis in Komplementärfarben auf**

Unten **Mikroskopische Aufnahme des Dünnschnitts eines Eiskerns**

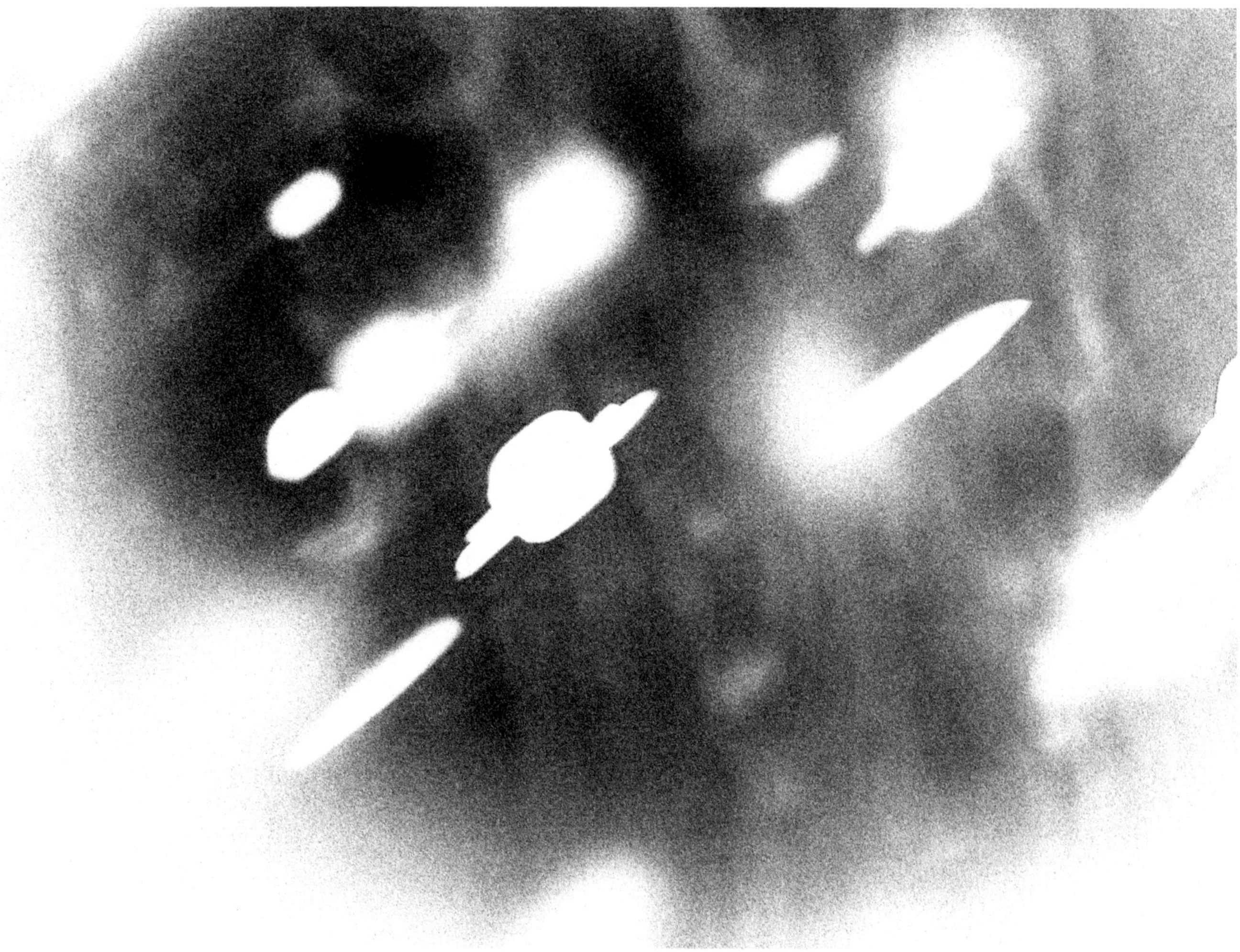

DAS WEISS ERSCHEINT UNENDlich, eine gleißend helle, leere Ebene, über der sich der blaue Himmel aufspannt. Wenn sich der Wind legt, ist es vollkommen still. Es gibt nichts, das ein Geräusch macht. „Nicht einmal Tiere leben hier", sagt Jørgen Peder Steffensen. Er ist schon oft in dieses weiße Nichts zurückgekehrt – auf den mächtigen Eispanzer Grönlands.

Während Touristen mit Kuttern und Schlauchbooten durch die Diskobucht im Westen fahren, um zu erleben, wie die Gletscher kalben und Tausende Tonnen schwere Brocken blau-weißen Eises ins Meer stürzen, zieht es Steffensen immer wieder in das eisige, unbelebte Innere der Insel. Denn der grönländische Eispanzer hat viel zu erzählen. Forscher wie er lesen im Eis wie in einem Buch über die Geschichte der Menschheit, über das Leben unserer Vorfahren. Es verrät uns aber auch, wie sich das Klima der Erde über Tausende von Jahren verändert hat.

Physiker Steffensen ist Spezialist für Eiskernbohrungen am Niels-Bohr-Institut der Universität Kopenhagen. 1980 reiste er zum ersten Mal nach Grönland, um bei einem Bohrprojekt mitzuarbeiten. Der Grönländische Eisschild ist riesig – er bedeckt mehr als 80 Prozent der Insel und ist im Mittel 1,5 Kilometer dick. An den mächtigsten Stellen türmt sich das Eis so hoch auf wie die Zugspitze.

Gebildet hat es sich in den vergangenen Jahrzehntausenden aus Schnee, den Stürme in Massen auf Grönland abladen. Der Schnee sackt nach und nach zusammen, bildet festen Firn und schließlich Eis. Jahr für Jahr lagert sich neuer Schnee ab, der das Eis weiter zusammenpresst. Je tiefer man bohrt, desto älter ist das Eis. An der tiefsten Stelle des Eisschilds sind es rund 140 000 Jahre. Damals begann der *Homo sapiens* gerade, sich von seiner Ursprungsregion in Afrika über den Nahen Osten in die Welt auszubreiten.

Weit draußen mit einer kleinen Mannschaft im Eis zu arbeiten habe viel mit Psychologie zu tun, sagt Steffensen. „Wenn das Transportflugzeug, das uns hierherbringt, wieder wegfliegt, dann wissen wir, dass wir jetzt für Wochen auf uns allein gestellt sind. Dann muss man nicht mehr darüber nachdenken, ob man vielleicht etwas vergessen hat, sondern nur noch anpacken." Er hat in vielen Projekten mitgearbeitet und Eisbohrkerne nach oben geholt. Im Grunde ist sein Forscherleben eine Tausende Meter lange Aneinanderreihung von Bohrkernen.

Diese Bohrkerne gewinnen Wissenschaftler mit einem Hohlbohrer, der sich Millimeter für Millimeter ins Eis frisst. Wieder und wieder ziehen sie den Bohrer nach oben, holen das Eis aus dem Hohlkörper, immer portionsweise, in drei Meter langen Abschnitten, die so dick sind

Das Eis enthält viele Spuren aus der Vergangenheit

wie ein Regenrohr. Das Eis enthält viele Spuren aus der Vergangenheit, Millionen von Bläschen, in denen damals Luft einfror und bis heute konserviert wurde. Schmelzen die Forscher das Eis und leiten die Luft aus den Bläschen durch Analyseapparaturen, können sie messen, wie viel an Treibhausgasen – etwa Kohlendioxid, Lachgas oder Methan – die Atmosphäre vor 1000 oder gar 100 000 Jahren enthielt, und abschätzen, wie warm es damals war. Wenn irgendwo auf der Erde ein großer Vulkan ausbricht und Staub bis hoch in die Atmosphäre schleudert, dann rieselt dieser Staub Wochen später mit dem Schnee auch über Grönland herab. In den Bohrkernen erkennt man diese Ascheschichten als dunkel-schokoladige Ringe.

Das Bohren im grönländischen Eis begann in den 1960er-Jahren. Damals baute die US Army eine unterirdische Siedlung in den harten Firn, die zu einer Militärbasis ausgebaut werden sollte, das Camp Century (mare No. 117). Nebenbei durften Forscher des militäreigenen Cold Regions Research and Engineering Laboratory die erste Tiefbohrung in den Eisschild treiben. Im Camp Century und in vielen anderen Bohrprojekten ging es darum, möglichst tief in die Klimageschichte einzutauchen und den Eispanzer bis an seine Basis zu durchbohren, bis zum Boden.

Ein anderes Ziel hat das Bohrprojekt, das Dänen, Deutsche und weitere Wissenschaftler aus aller Welt aktuell auf Grönland betreiben: EastGrip, das East Greenland Ice-Core Project. Die Forscher um Steffensen, der die EastGrip-Station leitet, wollen herausfinden, wie sich der Klimawandel auf den Eisschild auswirkt. Denn eines ist sicher: Grönland verliert seit zwei Jahrzehnten im Sommer mehr Eis, als es durch Schneefall hinzugewinnt. Das zeigen Satellitenmessungen. Die Luft über Grönland wird im Sommer immer wärmer; das Eis schmilzt immer stärker ab. Mancherorts rauscht Schmelzwasser in tosenden Bächen durch die Gletscher.

Dieser Vorgang trägt nach Berechnungen vieler Experten aber nur zur Hälfte zum gesamten Masseverlust des Eisschilds bei. „Vermutlich geht die andere Hälfte durch große Eisströme verloren. Wie diese Ströme funktionieren, ist aber noch nicht klar", sagt Steffensen. „Deshalb haben wir die Station mitten auf dem größten Eisstrom Grönlands errichtet, dem Nordostgrönländischen Eisstrom." Der ist 300 Kilometer lang und endet in drei großen Gletschern an der Küste. Obwohl der Eispanzer ungeheuer stark ist und im Inneren Grönlands entspringt, ist die ganze Masse in Bewegung. Dadurch wandert EastGrip jeden Tag gut 15 Zentimeter nach Nordosten. „Wir wollen wissen, was im Eis los ist und woher die großen Masseverluste kommen", sagt Steffensen. „Diese Frage müssen wir beantworten, um abzuschätzen, wie viel Eis mit dem Klimawandel verloren gehen wird." Das Schreckensszenario ist bekannt: Sollte Grönland komplett abschmelzen, würde der Meeresspiegel weltweit um rund sieben Meter steigen.

Zwar rechnen Experten bislang nicht mit einer vollständigen Schmelze, weil es auf dem Gipfel der Gletscher in 3000 Meter Höhe selbst dann eisig bleiben wird, wenn sich die Erde weiter erwärmt. Doch wie schlimm es tatsächlich kommt, weiß niemand. „Dafür müssen wir die Dynamik der Eismassen besser verstehen", sagt Frank Wilhelms, Physiker am Alfred-Wegener-Institut für Polar- und Meeresforschung in Bremerhaven (AWI). „Uns interessiert, in welchen Tiefen das Eis fließt, wie das Schmelzen vor sich geht und wie warm der Untergrund ist. Wie stark ist die Reibung am Boden?"

Wilhelms und Steffensen haben in Grönland schon viel Zeit gemeinsam verbracht, auch bei EastGrip. Wilhelms kombiniert sein Eiswissen mit Radaraufnahmen der Gletscher. Diese stammen von Forschungsflugzeugen, die mit starken Radarsendern in den frostigen Panzer hineinschauen. Dichtes und weniger dichtes Eis, Schmelzwasser und der felsige Untergrund reflektieren die Radarwellen unterschiedlich stark. Aus dem Echo kann Wilhelms den Aufbau des Eispanzers herauslesen. Allerdings sind die Echos relativ schwach. Deshalb nutzt das AWI-Team zusätzlich eine zweite Radaranlage, die man wie einen Teppich auf dem Eis ausrollt. Diese liefert hoch aufgelöste Radarbilder aus der Tiefe.

Die Forscher wollen aber nicht nur das Fließen des Eispanzers ergründen. Sie schauen sich auch die oberen Schichten des Eises genauer an, vor allem die letzten 10 000 Jahre, jene kurze Ära, in der der Mensch das Klima immer stärker verändert hat. Der Vergleich mit der Gegenwart wird zeigen, wie das Klima aussah, bevor der Mensch Wälder rodete und Äcker bewirtschaftete, bevor die Industrialisierung begann und die Verbrennung von Gigatonnen an Kohle und Erdöl.

Alles, was der Mensch in Form von Asche, Dampf oder Qualm in die Atmosphäre aufsteigen ließ, hat seine Spuren im Eis hinterlassen. Bereits vor drei Jahren wurden in grönländischen Bohrkernen Blei-Silber-Rückstände gefunden, anhand derer Archäologen der University of Oxford die europäische Geschichte von der Antike bis ins frühe Mittelalter nachzeichnen konnten. Wann immer es Kriege gab und Schmiede Rüstungen, Schwerter und Schilde fertigten, stiegen Blei- und Silbermoleküle aus den Schmiedefeuern in den Himmel auf. Die Punischen Kriege und die Bürgerkriege der Römischen Republik spiegeln sich als Blei-Silber-Spitzenwerte im Eis wider. Noch höher sind die Konzentrationen für das frühe Mittelalter.

Die ganze Masse bewegt sich am Tag 15 Zentimeter

Während des Römischen Friedens und der Antoninischen Pest um 170 nach Christus hingegen fiel die Konzentration der Metalle jäh ab. Eisbohrkerne besitzen eine Art Jahresringe, an denen man das Alter des Eises ablesen kann. Auch die Schwefelverbindungen, die in den 1970er- und 1980er-Jahren aus europäischen Kohlekraftwerken in die Luft gelangten und zum sauren Regen führten, sind im Eis konserviert.

In den Kühlräumen des AWI in Bremerhaven lagern tonnenweise Eisbohrkerne von EastGrip, von früheren Expeditionen und aus der Antarktis. Es gibt dort ein Eislabor, in dem es permanent minus 20 Grad Celsius kalt ist. In Polaranzüge gehüllt, können Wilhelms und seine Kollegen dort Eisbohrkerne untersuchen, ohne dass sie in ihren Händen wegschmelzen. An den Wänden sind lange Kisten aufeinandergestapelt. Wilhelms öffnet eine und holt ein Stück Bohrkern heraus. Darin ist ein dunkler Ring zu erkennen – der Fingerabdruck eines Vulkanausbruchs.

Wilhelms beginnt zu erzählen: von der Klimavergangenheit der Erde, von den vielen Einflussgrößen, die bestimmen, wie warm, kalt, trocken oder feucht es in bestimmten Epochen und Regionen war. Eis- und Warmzeiten entstehen, wenn sich im Lauf von Zehntausenden von Jahren der Winkel der Erdachse ändert und damit mehr oder weniger Sonnenlicht auf die Polargebiete fällt. Während der Eiszeiten sinkt der Meeresspiegel, weil viel Wasser in den riesigen Gletschern gebunden ist. Große Teile des Meeresbodens liegen dann frei, etwa vor Sibirien. Der Wind erfasst das ausgetrocknete Sediment und treibt den Staub um die Erde. Daher zeigen sich Eiszeiten auch in hohen Staubkonzentrationen in den Bohrkernen.

Während sehr warmer Epochen hingegen verstärken sich in den Tropen Verdunstung und Niederschläge, zum Beispiel durch einen besonders nassen Monsun. Zu solchen Zeiten stehen große Gebiete in Südostasien unter Wasser. In den Sümpfen rotten Unmengen von Pflanzen vor sich hin. Die Fäulnis setzt das Treibhausgas Methan frei, das die Erderwärmung verstärkt. Auch das Methan findet man in den Bohrkernen.

Seit den ersten Bohrungen im Camp Century haben Wissenschaftler viele solcher Zusammenhänge aus dem Eis herausgelesen. Zu den wichtigsten Entdeckungen zählt das Isotopenthermometer, das der dänische Klimatologe Willi Dansgaard in den 1960er-Jahren entwickelte. Dafür nutzte er sogenannte Wasserisotope. Damit bezeichnet man Moleküle des Wassers, deren Atome unterschiedlich viele Neutronen besitzen und damit unterschiedlich schwer sind. Vom Sauerstoff etwa gibt es in der Natur das ^{16}O-Isotop und das ^{18}O-Isotop. Letzteres hat zwei Neutronen mehr und ist somit schwerer. Je nachdem, ob in einem Wassermolekül

Lesen Sie bitte weiter auf Seite 66

Linke Seite **Dunkelfeld-Linienscan eines Eiskerns, der 130 000 Jahre alt ist**

Unten **Bohrkern aus der letzten Eiszeit mit sichtbaren Jahresschichten**

ein ^{16}O-Isotop oder ^{18}O-Isotop sitzt, ist auch das Wasser leichter oder schwerer.

Diese Tatsache brachte Dansgaard auf die entscheidende Idee: Die leichten Wassermoleküle verdunsten schneller aus dem Meer als die schweren. Wenn während einer Eiszeit große Mengen an Wasser aus dem Meer verschwinden und sich zu riesigen Festlandgletschern ablagern, dann müsste die ^{16}O-Menge im Eis steigen und das schwerere ^{18}O im Meer vermehrt zurückbleiben. Dansgaard fand auch heraus, dass sich das unterschiedliche Gewicht der Isotope beim Niederschlag bemerkbar macht. Das schwere Wasser kondensiert schneller und fällt damit als Regen oder Schnee früher zu Boden. Je kälter die Luft, desto mehr ^{18}O fällt aus den Wolken.

Aus diesen beiden Effekten lässt sich ein recht detailliertes Bild des früheren Klimas ableiten – der Verdunstung von Meerwasser, der vorherrschenden Windrichtungen oder der Temperatur der Atmosphäre. Dansgaard arbeitete damals eng mit dem Physiker Hans Oeschger aus Bern zusammen, der als einer der Ersten die Analyse von Treibhausgasen mithilfe der Luftbläschen im Eis vorantrieb. Die beiden kombinierten ihre Methoden und rekonstruierten das Klima genauer als je zuvor.

Eine Erkenntnis der beiden Forscher ist heute – angesichts des Klimawandels – besonders brisant: Die grönländischen Eisbohrkerne zeigen, dass in der Vergangenheit wiederholt extrem schnelle Klimaschwankungen auftraten. Dansgaard-Oeschger-Ereignisse heißen diese abrupten Schwankungen heute. Der grönländische Rekord liegt bei einer Zunahme der Durchschnittstemperatur um zehn bis 15 Grad Celsius in nur 40 bis 80 Jahren. Das ist viel. Aktuell versucht die Menschheit, die Erwärmung der Erde auf 1,5 Grad zu begrenzen, um extreme Klimafolgen zu verhindern.

„Unser Klimasystem ist ganz offensichtlich nicht so stabil, wie man lange gedacht hat", sagt der Klimaphysiker Thomas Stocker, Nachfolger von Oeschger an der Universität Bern. „Das Klima kann plötzlich kippen. Und das befürchten wir auch für den heutigen Klimawandel." Einen so extremen Anstieg der Temperatur werde es in den nächsten zehn Jahren sicher nicht geben. Für die kommenden 100 oder 150 Jahre aber sei er denkbar.

Stocker und sein Kollege Hubertus Fischer haben an der Universität Bern ein Labor aufgebaut, in dem sie genauer als bisher analysieren können, welche Spurenstoffe und Gase im Eis stecken. Dazu gehört auch eine spezielle Schmelzapparatur, mit der sie die Ionen und allgemeinen Spurenstoffe aus dem Eis extrahieren. Die

Das uralte Eis ist fast so rein wie destilliertes Wasser

Kunst besteht darin, zu verhindern, dass Gase und Stoffe aus der Umgebungsluft das Eis verschmutzen und die Messwerte verfälschen. „Das Eis ist fast so rein wie destilliertes Wasser", erklärt Fischer. „Die Konzentrationen der Spurenstoffe sind wahnsinnig gering. Und entsprechend genau müssen wir arbeiten."

Das Berner Labor ist für die saubere Extraktion der uralten Luft und der Spurenstoffe weltweit anerkannt. Es gab dort schon einige Mess-Sessions, in denen Eisbohrkerne untersucht wurden. Aus verschiedenen Ländern reisten Forscherkollegen an, um ihre eigenen Spezialgeräte an Fischers Schmelzapparatur anzuschließen. „Wir haben simultan verschiedene chemische Parameter gemessen", erzählt Fischer. „Die Japaner Rußpartikel, dänische Kollegen den pH-Wert, die deutschen Kollegen Sulfat aus Vulkanen und wir unsere Schmelzwasserchemie."

Fischer und sein Team analysieren die Eisbohrkerne natürlich auch mit eigenen Geräten. Zu den neueren Werkzeugen gehört das Flugzeitmassenspektrometer, das eine Spezialfirma aus der Nähe von Bern für Fischer gebaut hat. Dieses kommt mit den geringen Konzentrationen zurecht und kann aus den Spurenstoffen im Eis noch viel mehr Informationen herausholen als bisher. Die Auflösung des Geräts ist so hoch, dass man damit sogar einzelne Staubpartikel im Eis erkennen und analysieren kann. Selbst die Herkunft von Lachgas, einem sehr potenten Treibhausgas, können die Forscher klären: Die unterschiedlich schweren Stickstoffisotope in dem Gas verraten unter anderem, ob es aus dem Meer oder aus Äckern aufgestiegen ist. Auch nach mehr als 60 Jahren Eisforschung in Grönland werden in den Bohrkernen neue Details entdeckt.

Fischer und Stocker kehren immer wieder nach Grönland zurück, um bei Bohrungen mitzuarbeiten. Manchmal verlassen die beiden das Bohrcamp für ein paar Tage, um an anderen Stellen zu messen. Mit Motorschlitten und Zelten ist der kleine Trupp unterwegs. Und dann wird es auch für Fischer emotional. „Ich kenne Kollegen, die so ganz allein auf dem Eis unruhig werden. Ich aber komme runter und werde entspannt." Wenn das Team dann eine Pause macht und sich auf dem weiten Weiß rein gar nichts mehr bewegt, sagt Fischer, „bleibt nur noch das leise Klopfen des eigenen Pulsschlags in den Ohren".

Für seine Recherche war der Oldenburger Wissenschaftsjournalist Tim Schröder, Jahrgang 1970, nicht in Grönland, aber immerhin im Eislabor in Bremerhaven. Trotz des Polaranzugs wurde ihm dort schnell kalt: Er hatte die falschen Schuhe an.
Für diese Geschichte reiste Anna Domnick, geboren 1983, Fotografin in Berlin, zur Mitte des Grönländischen Eisschilds. Solch eine Kälte, Weite und Geräuschlosigkeit habe sie zuvor noch nie erlebt, sagt sie. Domnicks neueste Arbeiten zum Thema sind im Icefjord Centre im grönländischen Ilulissat zu sehen.

Erde, wir haben ein Problem!

Die beiden Satelliten „Tom“ und „Jerry“ sausen hintereinander her und messen dabei unentwegt die Erdanziehungskraft. Die Daten zeigen: Der grönländische Eispanzer verliert Jahr für Jahr an Masse, was den Meeresspiegel steigen lässt

Von Tim Schröder

„TOM“ UND „JERRY“ SAUSEN STÄNdig hintereinander her. Die beiden fliegen in 450 Kilometer Höhe um die Erde, vom Nordpol zum Südpol und wieder zurück. Nur 90 Minuten brauchen sie für einen Umlauf. Eigentlich heißt dieses deutsch-amerikanische Satellitenduo Gravity Recovery And Climate Experiment, kurz Grace. Aber weil sich die Satelliten jagen wie die Katze und die Maus aus der Zeichentrickserie, haben Wissenschaftler ihnen deren Namen verpasst.

„Tom“ und „Jerry“ haben die Aufgabe, die Anziehungskraft der Erde, das Schwerefeld, zu vermessen. Denn anders, als viele denken, ist es nicht überall gleich. Je mehr Masse sich an einem Punkt auf oder in der Erde befindet, desto höher ist dort die Anziehungskraft – etwa im Himalaja. Und natürlich verstärken auch die schweren Eispanzer der Antarktis und Grönlands die Anziehung. Die Unterschiede sind minimal und kaum zu spüren. Die Geräte an Bord von „Tom“ und „Jerry“ aber sind extrem empfindlich und nehmen die winzigen Änderungen wahr.

Sie können spüren, dass der Eispanzer Grönlands im Sommer leichter wird, wenn Schmelzwasser von den Gletschern ins Meer rauscht. Und im Winter nehmen sie die Last der frischen Schneedecke wahr. Klimaforschern liefert die Grace-Mission wertvolle Daten. Sie helfen ihnen einzuschätzen, wie es um die großen Eisschilde auf Grönland und in der Antarktis bestellt ist – und vor allem, wie schnell sich diese

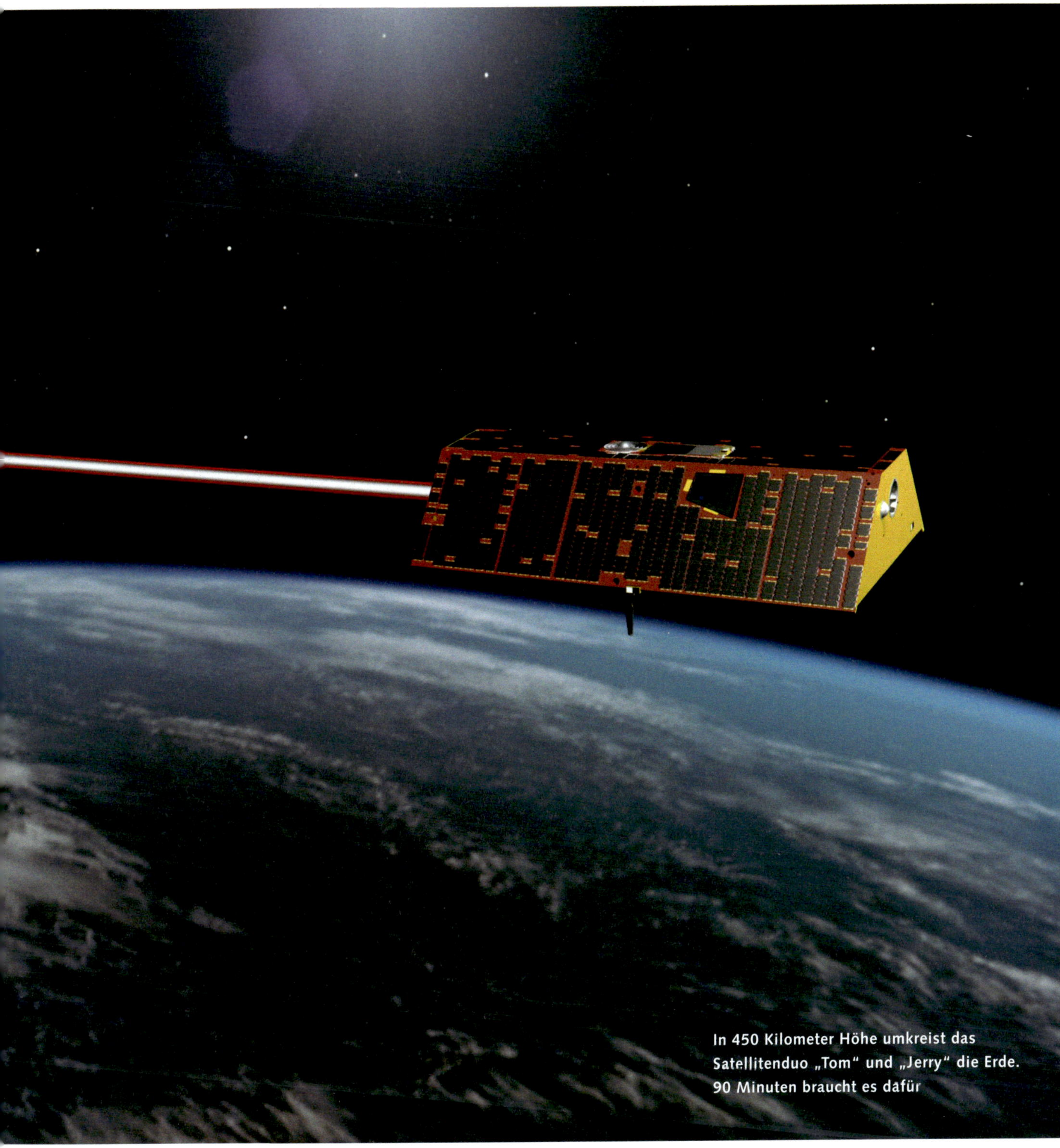

In 450 Kilometer Höhe umkreist das Satellitenduo „Tom" und „Jerry" die Erde. 90 Minuten braucht es dafür

im Zug des Klimawandels zurückziehen und den Meeresspiegel steigen lassen.

In dieser Hinsicht war das Jahr 2012 extrem. Damals strömte sehr warme Luft aus dem Süden über Grönland hinweg. Fast überall begann die Eisoberfläche zu schmelzen. Wo sonst Hundeschlittengespanne über das Eis flitzten, stand das Schmelzwasser in jenem Sommer knöchelhoch. Dank Grace konnten Forscher das Ausmaß der Schmelze abschätzen: Allein im Juli floss so viel Wasser vom Eisschild in den Ozean, dass der Meeresspiegel um einen Millimeter stieg. Ein außergewöhnliches Ereignis, das sich erschreckenderweise bereits 2019 wiederholte. Da ging Grönland in nur einem Jahr die gewaltige Menge von 532 Milliarden Tonnen Eis verloren. Umgerechnet auf die gesamte Erdbevölkerung, wären das gut zwei Lkw-Ladungen Eis je Mensch.

Die Grace-Satelliten sind seit 2002 im All. 2017 musterte die Nasa das erste Gespann aus. 2018 schoss sie die Nachfolger „Grace Follow-on" in den Orbit. Diese sind mit einem Laser ausgestattet, der genauer als zuvor die Bewegung zwischen den beiden überwacht. Überfliegt der vorauseilende Satellit ein Gebiet mit höherer Anziehungskraft, wird er im Verhältnis zu seinem Nachfolger beschleunigt. Der Abstand zwischen beiden ändert sich nur um tausendstel Millimeter. Dennoch nimmt der Laser diese Bewegung wahr. Wissenschaftler rechnen die Werte dann in Schwerefeldinformationen um. ➢

Links **Die Mission „Grace Follow-on" startete am 22. Mai 2018 ins All**

Rechte Seite oben **Die beiden Satelliten in der Vandenberg Space Force Base, Kalifornien**

Darunter **Ein großer Teil Grönlands verliert an Masse**

Bis auf eine Lücke zwischen 2017 und 2018 stehen den Forschern damit Daten aus fast 20 Jahren zur Verfügung. „Das ist eine Messreihe von unschätzbarem Wert. Sie zeigt, dass es einen eindeutigen Abwärtstrend gibt", sagt Ingo Sasgen, Geophysiker am Alfred-Wegener-Institut für Polar- und Meeresforschung (AWI). „Der Grönländische Eisschild verliert an Masse." Zwar sei nicht jeder Sommer so warm wie in den Jahren 2012 und 2019, aber solche Extremereignisse träten inzwischen häufiger auf. Temperatur und Schmelze variieren von Jahr zu Jahr stärker als früher. Sasgen und andere Experten konnten zeigen, dass der Tauprozess an der Oberfläche des Eispanzers am stärksten zum Masseverlust beiträgt. Darüber hinaus rutschen die Gletscher heute schneller in Richtung Meer als früher. Auch dadurch geht mehr und mehr Eis verloren.

Warum die Gletscher sich stärker bewegen, ist unklar. Diese Frage kann Grace allein nicht beantworten. Dafür braucht man auch Bohrungen im Eis oder Messungen mit GPS-Empfängern vor Ort. Wahrscheinlich kommen mehrere Faktoren zusammen. Beim großen Nordostgrönländischen Eisstrom ist vermutlich auch Erdwärme mit im Spiel. Diese natürliche Wärme aus dem Untergrund taut die Eismasse von unten an. Das Schmelzwasser wirkt wie ein Schmiermittel. Anderswo, so die Theorie, gelangt im Sommer mehr und mehr Schmelzwasser von der Eisoberfläche durch Risse bis unter den Eispanzer, was das Gleiten ebenfalls verstärkt. Außerdem kommt das verstärkte Kalben hinzu: Grundsätzlich wirken die Ausläufer der Gletscher an der Küste, die Gletscherzungen, wie Bremsklötze auf den Eispanzer. Schrumpfen die Gletscherzungen, weil immer mehr Eis abbricht, lässt die Bremswirkung nach. Die Masse gerät in Bewegung.

Ein Beispiel ist der Jakobshavn-Gletscher im Westen Grönlands, der viel Eis verloren hat. Er zwängt sich durch den langen und engen Eisfjord, ehe er in der Diskobucht ins Meer mündet. Forscher gehen davon aus, dass warmes Meerwasser das Eis bereits Anfang der 2000er-Jahre von unten angetaut hatte, sodass zuerst ein 15 Kilometer langes Stück abbrach und dann immer mehr Eisberge folgten. Seitdem verdreifachte sich die Fließgeschwindigkeit des Jakobshavn-Gletschers auf rund 17 Kilometer im Jahr. Warmes Wasser, das die Gletscher von unten antaut, trägt mittlerweile laut aktuellen Studien in

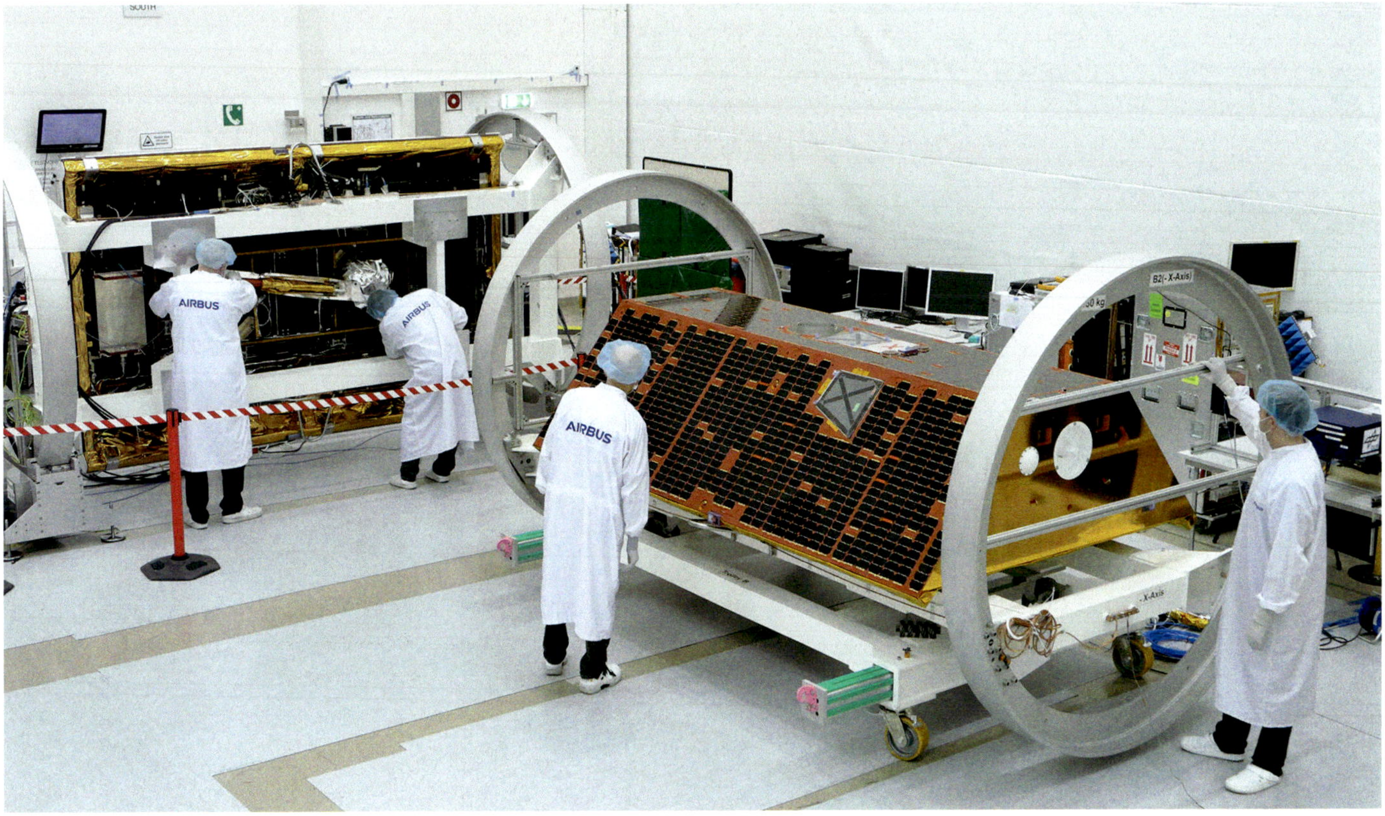

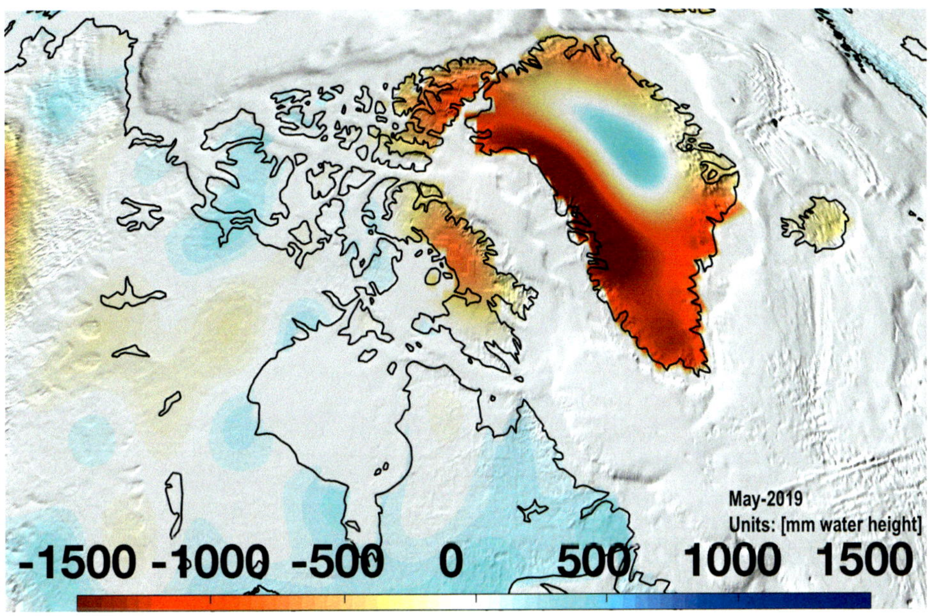

vielen Regionen am stärksten zum Eisverlust bei. Grace bietet die Chance, solche Verluste genauer zu bilanzieren.

„Grace hat aber den Nachteil, dass es das Schwerefeld über einen 300 Kilometer breiten Streifen mittelt", sagt Sasgen. „Aus den Daten, die uns das System liefert, können wir kleinräumige Phänomene wie einzelne Gletscher also nicht ganz genau vermessen." Deshalb kombiniert er die Grace-Daten mit anderen Verfahren – etwa mit der Höhenmessung, die der Satellit „CryoSat-2" liefert. Dieser misst sehr präzise auf einem nur fünf Kilometer breiten Streifen, wie sich die Höhe der Gletscher im Lauf eines Jahres verändert. „Wenn wir die Verfahren kombinieren, ergibt sich ein genaueres Bild", so Sasgen.

Eine Kombination ist auch sinnvoll, weil jedes Verfahren Stärken und Schwächen hat. Aus „CryoSat-2"-Daten allein kann man zum Beispiel nicht die Ursache einer Höhenveränderung herauslesen. Die Höhe kann abnehmen, wenn entweder die Schneedecke zusammensackt oder wenn das Eis schmilzt. Hier braucht es zusätzlich die Grace-Daten, die Monat für Monat verraten, ob Masse gewonnen wurde oder verloren gegangen ist.

„Die monatlichen Informationen sind großartig, weil wir die Situation in Grönland direkt mit der aktuell herrschenden Großwetterlage verknüpfen können", sagt Sasgen. „Damit können wir künftig besser verstehen, wie Eisbildung und Schmelze großräumig gesteuert werden – ob kurzfristige Klimaschwankungen eine Rolle spielen, ozeanische Strömungen oder ganz andere Faktoren und Rückkopplungen."

Auch für Klaus Grosfeld, Klimaexperte am AWI, spielen diese Zusammenhänge eine wichtige Rolle. „Die Vorgänge in der Arktis beeinflussen nicht zuletzt das Klima in Europa und Nordamerika. Ob es bei uns Dürren oder Überschwemmungen gibt, entscheidet sich auch in der Polarregion." Die Grace-Daten seien daher nicht nur wichtig, um Grönland zu verstehen, sondern auch, um Computermodelle zu verbessern, die helfen, das zukünftige Klima besser zu prognostizieren. „Eisbohrkerne verraten uns, wie sich das Klima in der Vergangenheit verändert hat", so Grosfeld. „Grace liefert uns einen sehr guten Eindruck von der Gegenwart."

Der Oldenburger Wissenschaftsjournalist Tim Schröder, Jahrgang 1970, weiß, wie präzise Satelliten arbeiten. Dass „Tom" und „Jerry" aber sogar das Gewicht der Regenmassen am Amazonas messen können, hat ihn dann doch verblüfft.

Die Tollkühnen

Siems & Kiersgaard. Kristiania.

Als Fridtjof Nansen der Öffentlichkeit seine Idee vorstellt, erklären Forscherkollegen ihn für verrückt: Er will als erster Mensch die Eiswüste Grönlands durchqueren. Im Sommer 1888 macht er sich mit fünf Begleitern und kleinem Gepäck auf den Weg

Von Tim Schröder

ES SIND LAUTE, STARKE SCHLÄGE auf das Zelt, die Fridtjof Nansen am Morgen des 7. September 1888 aus dem Schlaf reißen. Vom Orkan entfesselt, drischt eines der Spannseile wie eine Peitsche auf das Zelt ein. Nansen begreift sofort: Sollten sich noch mehr Seile lösen, wäre das ihr Tod. Die grönländische Eiswüste um sie herum hat sich in ein Meer aus treibendem Schnee verwandelt. Es ist bitterkalt. Jede Sekunde könnte der Orkan das Segeltuch packen und mit sich reißen. Dann wären die Männer dem Schneesturm schutzlos ausgeliefert. Einer muss hinaus und das Zelt retten.

Kristian Kristiansen liegt am dichtesten beim Eingang. Auf allen vieren kriecht er hinaus. Der Schnee peitscht sein Gesicht. Er schnappt sich das Spannseil und hämmert den Hering tief in den Harsch. Er kriecht weiter, dorthin, wo die Schlitten sein müssten, zum Proviant. Doch die Schlitten sind längst im Schnee versunken. Kristiansen gräbt mit seinen Händen, gräbt und gräbt, bis er endlich etwas Hartes spürt: die Vorräte, die auf den Schlitten fest verzurrt sind. Mit halb erfrorenen Fingern löst er die Knoten, stopft sich Beutel und Dosen unter die Jacke. Er dreht sich um. Doch wo ist das Zelt? Es sind nur wenige Meter, doch der tosende Schnee nimmt ihm die Sicht.

Er brüllt, lauscht. Nichts. Er brüllt wieder. Jetzt hört er leise wie von Ferne die Stimmen der Freunde im Zelt. Eilends kriecht er zurück, hinein unter das rettende Tuch. Nansen und die anderen haben inzwischen mit ihren Skiern die Wände abgestützt. Kristiansen schlüpft zu ihnen in den großen Schlafsack. Und so liegen die Männer eng an eng, einen ganzen Tag und eine ganze Nacht lang, während der Orkan weiter heult und der Schnee das Zelt vollends unter sich begräbt.

Kollegen hatten den norwegischen Zoologen Fridtjof Nansen ein gutes halbes Jahr zuvor für verrückt erklärt, als er seinen kühnen Plan erstmals der Öffentlichkeit präsentierte: Als erster Mensch wollte er zusammen mit einer kleinen Mannschaft die Eiswüste Grönlands durchque-

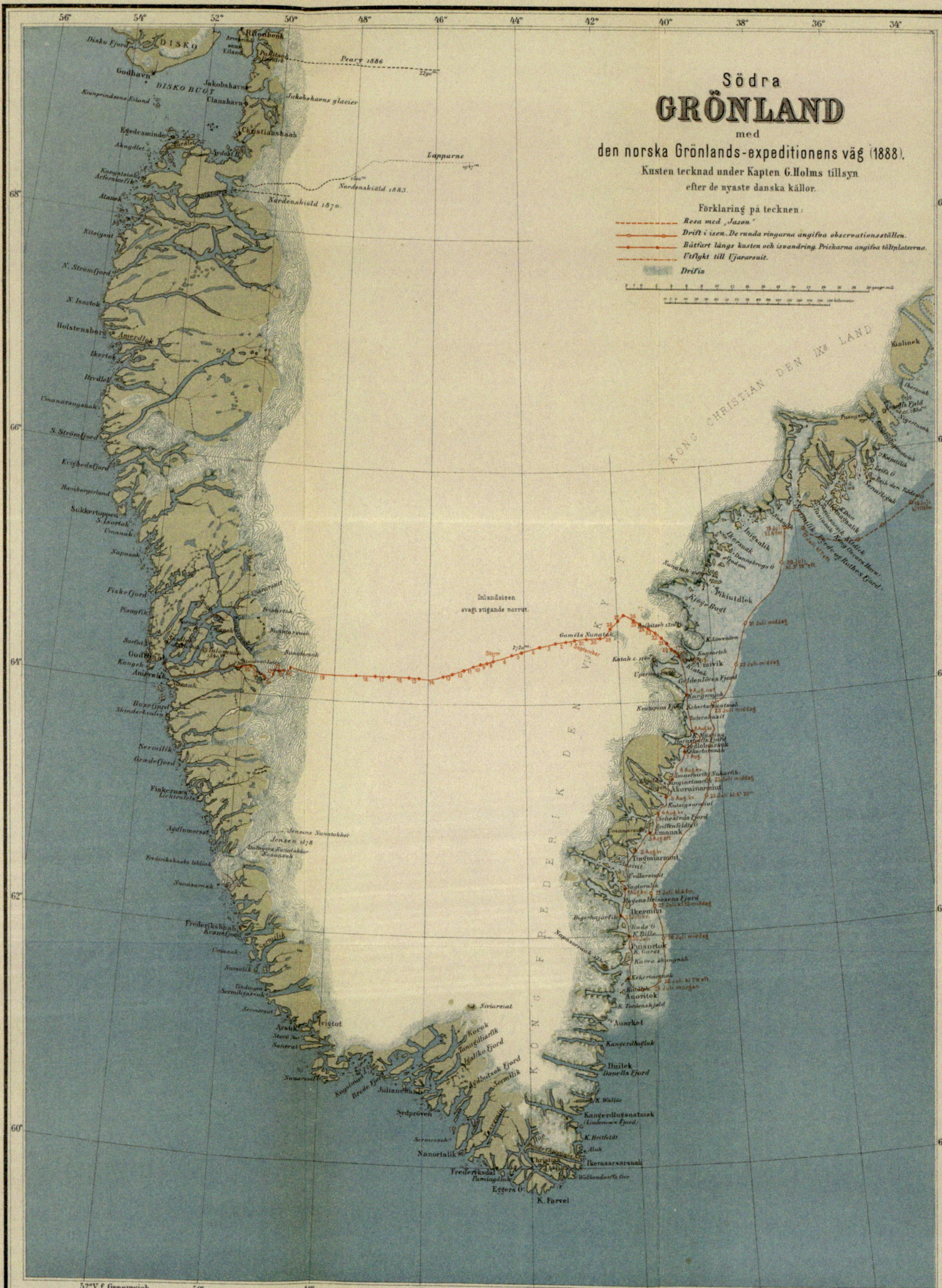
Södra
GRÖNLAND
med
den norska Grönlands-expeditionens väg (1888).
Kusten tecknad under Kapten G.Holms tillsyn
efter de nyaste danska källor.
Förklaring på tecknen:
Resa med ‚Jason'
Drift i isen. De runda ringarna angifva observationsställen.
Båtfart längs kusten och isvandring. Prickarna angifva tältplatserna.
Utflykt till Ujarasuit.
Drifis
Inlandsisen
svagt stigande norrut.
KONG CHRISTIAN DEN IXs LAND
52° V.f. Greenwich

Oben **In Ruderbooten an der Ostküste.** *Linke Seite* **Zurückgelegte Strecke der Expedition.** *Vorherige Doppelseite* **Teilnehmer der Grönlandquerung, links sitzend Fridtjof Nansen**

ren. Im dänischen Fachjournal „Ny Jord" ätzte ein Grönlandkenner: „Nansens Vorschlag, die hohen Berge der Küste zu besteigen und von ihren Gipfeln aus die sich gegen ihn erhebende Eisfläche zu betreten, verrät absolute Unkenntnis der wahren Verhältnisse. Die Chancen stehen zehn zu eins, dass er entweder sein eigenes und vielleicht auch das Leben anderer nutzlos wegwirft oder bei den Eskimo Zuflucht suchen muss."

Doch Nansen lässt sich von seinem Plan nicht abbringen. Wenige Jahre zuvor war er an Bord eines Robbenfängers erstmals durch das Treibeis an der grönländischen Küste gefahren. Aus der Ferne hatte er den weißen Rücken des massigen Inlandeises im Sonnenlicht glänzen sehen. Damals reifte in ihm die Idee, eines Tages den Eispanzer zu überqueren – ganz gleich, wie beschwerlich der Weg auch sein möge. Mit der richtigen Ausrüstung sollte sich das mächtige Inlandeis bezwingen lassen. Davon ist Nansen überzeugt.

Im Juni 1888 ist es so weit. Mit fünf Begleitern reist er nach Island und geht dort an Bord des Robbenfängers „Jason". Zielort des Schiffs ist die Ostküste Grönlands, wo die Mannschaft auf die Jagd nach Klappmützenrobben gehen will. Doch als die „Jason" Grönland erreicht, versperrt ihr dichtes Treibeis den Weg. Näher als einige Kilometer kommt das Schiff nicht an die Küste heran. Nansen wird ungeduldig. Er muss mit der Grönlandquerung starten, ehe der Sommer vergeht. Am 17. Juli klettert er mit seinen Männern in zwei kleine Ruderboote, in der Hoffnung, sich durch die schmalen Rinnen zwischen den Eisschollen zum Ufer durchkämpfen zu können.

Anfangs kommen die Männer gut voran. Doch dann schiebt die Strömung die Eisschollen zusammen. Mit Äxten und Bambusstangen schlagen und drücken sie sich den Weg frei. Doch kurz bevor sie das Ufer erreichen, kracht es. Eine scharfe Eisscholle durchbohrt die Wand des einen Ruderboots. Die Männer zerren die Boote auf eine große Eisscholle und machen sich daran, das Loch abzudichten.

Die Zwangspause wird ihnen zum Verhängnis. Die starke Meeresströmung treibt das Eis immer weiter vom Ufer weg und presst die Schollen zusammen. Es ist ein Reiben und Mahlen – keine Chance mehr, hier durchzukommen. Die sechs Männer müssen auf dem Eis kampieren. Mehr als zehn Tage lang treiben sie mit dem Strom nach Süden. Sie geraten in einen Sturm, der die Eisscholle fast überspült. Doch dann öffnet sich das Eis endlich. Die Männer arbeiten sich zwischen den Schollen hindurch, bis sie endlich das Ufer Grönlands erreichen. Noch bevor das Abenteuer der Grönlandquerung überhaupt begonnen

Oben **Das Zelt auf dem Inlandeis. Die Männer schliefen zu dritt in Schlafsäcken.**
Rechte Seite **Die Gruppe war sowohl zu Fuß als auch auf Skiern unterwegs – eine Neuheit**

hat, haben Nansen und seine fünf Begleiter bereits Abenteuerliches erlebt.

In den folgenden Tagen rudern die sechs entlang der Küste zurück nach Norden, um zwischen Felsen, Graten und Eis einen günstigen Punkt, einen relativ flachen Hang zu finden, auf dem sie sich zum Eispanzer hinaufarbeiten können. Mitte August 1888 beginnt endlich der Anstieg auf das Inlandeis. Die Männer ziehen schlanke Transportschlitten hinter sich her, dicht bepackt mit Schneeschuhen, Schlafsäcken und Stiefeln, Dosen und Kisten voller Proviant, jeder zwischen 100 und 200 Kilogramm schwer.

Gefährlich sind die Gletscherspalten. Zur Küste hin, an seinem Rand, bricht der Eispanzer langsam auseinander. Risse tun sich auf. Manche Spalten sind 100 Meter tief und mehrere Meter breit. Kleinere Spalten deckt der Schnee zu, unsichtbar. Die Männer prüfen die Schneedecke mit Bambusstangen. Trotzdem brechen sie ein. „Glücklicherweise sind wir nie weiter als bis zu den Achseln in die Spalten gerutscht", schreibt Nansen später in seinem Buch „The First Crossing of Greenland". Je weiter sie auf den Eispanzer hinaufwandern, desto weniger Spalten gibt es, desto fester und ebener wird die Fläche.

Bis zum 31. August haben sie sich auf 2400 Meter vorangearbeitet. Jetzt ist das Eis so dick, dass nur noch die Spitzen der Berge hervorlugen. Gegen zehn Uhr morgens wandern sie am letzten Berggipfel vorbei. Für viele Tage liegt jetzt nur noch das Eis vor ihnen. Nansen schreibt: „Die Fläche und das Weiß waren die beiden Merkmale dieses Ozeans aus Schnee; am Tag konnten wir nur drei Dinge sehen, die Sonne, das Schneefeld und uns selbst. Wir sahen aus wie eine winzige schwarze Linie, die schwach auf einer unendlichen weißen Fläche gezeichnet war."

Manch einer würde an einem solchen Ort verzweifeln. Nansens Zuversicht aber ist unerschütterlich. Er glaubt an den Erfolg seines Projekts. Seine Mannschaft hat den Sturm auf der Eisscholle überlebt, sich aus Gletscherspalten befreit. Er ist sich sicher, dass er und seine Leute auch die rund 600 Kilometer lange Strecke über den Eispanzer überleben werden.

Vor ihm hatten sich schon andere Expeditionen auf das Inlandeis gewagt, allerdings von der Westküste aus. Sie alle mussten wieder umkehren. Das Wandern im Schnee raubte ihnen die Kraft. Nansen macht es anders. Er ist im menschenleeren Osten Grönlands gestartet, um sich zur Siedlung Christianshåb im Westen vorzuarbeiten. Sollte es hart auf hart kommen und er die Westküste mit letzter Kraft erreichen, gäbe es dort Menschen, bei denen er Zuflucht finden könnte.

Noch etwas macht er anders als alle vor ihm. Sein kleiner Trupp ist auf Skiern unterwegs. Damals ist das Skilaufen, außer in Norwegen, eine völlig unbekannte Art der Fortbewegung. Statt durch den Schnee zu stapfen, will er darüber hinweggleiten. „Alle unsere Erfolgsaussichten beruhten auf der Überlegenheit des Skis im Vergleich zu allen anderen Fortbewegungsmitteln, wenn große Schneelandschaften zu durchqueren sind", schreibt er.

Er behält recht. Viele Tage lang gleiten sie so dahin. Bis der Schneesturm sie am 7. September zum Halten zwingt. Der Schnee dringt durch jede Ritze ins Zelt. Zentimeter um Zentimeter legt sich das Weiß auf die schlafenden Männer: Nansen, den Offizier Oluf Christian Dietrichson, den Kapitän Otto Sverdrup, den Forstarbeiter Kristian Kristiansen Trana und die beiden Rentierzüchter Samuel Johannesen Balto und Ole Nielsen Ravna vom Volk der Samen ganz aus dem Norden Norwegens. Nansen hat für seine Reise durchtrainierte, naturverbundene Kerle ausgewählt. Sie

Heimtückische Risse

Die Gletscherspalten an den Rändern des grönländischen Eispanzers sind mehr als 100 Meter tief. Dutzende Forscher fanden darin bereits den Tod

GLETSCHERSPALTEN GIBT ES AN vielen Stellen Grönlands. Sie bilden sich vor allem an den Rändern des Eispanzers, wo das Eis in Bewegung ist. Das Eis folgt der Form des Gesteins, das tief unter ihm liegt. Es schiebt sich über Hügel und durch Vertiefungen, wird gestaucht und gestreckt, sodass sich an seiner Oberfläche tiefe Risse bilden. Das ist vor allem dort der Fall, wo das Eis relativ schnell fließt. Wie Fridtjof Nansen in seinem Buch „The First Crossing of Greenland" eindrucksvoll beschrieben hat, sind die Gletscherspalten so heimtückisch, weil sie oft von Schnee bedeckt sind. Man schätzt, dass bis heute mehrere Dutzend Forscher und Abenteurer durch die dünnen Schneebrücken gefallen und in den Spalten gestorben sind. Genaue Zahlen gibt es nicht. Die Gletscherspalten sind mitunter mehr als 100 Meter tief und mehrere Meter breit. Da der Rand des Eispanzers an vielen Stellen von Gletscherspalten durchzogen ist, gibt es in Grönland nur einige wenige Stellen, an denen man vom Meer aus das Eis besteigen kann. Forscher arbeiten daher heute bevorzugt im flachen Zentrum des Eispanzers auf mehr als 2000 Meter Höhe. Sie lassen sich auf die weite, glatte Ebene fliegen. Die Flugzeuge sind mit speziellen Schneekufen ausgestattet, um sicher landen zu können. Besonders große Gletscherspalten entstehen in Grönland, wenn das Eis während des Sommers stark schmilzt. Reißende Flüsse aus Schmelzwasser lassen dann regelrechte Schluchten entstehen. Manche sind bis zu 30 Meter breit und dort, wo sich das Schmelzwasser tief ins Eis eingegraben hat, mehrere hundert Meter tief. *ts*

Gruppenfoto an Bord der „Kong Carl" mit Nansen und seinen Begleitern in der Mitte. Das Schiff brachte die Männer nach der erfolgreichen Mission zurück nach Norwegen

überleben auch diesen Sturm dank der perfekten Planung Nansens und der richtigen Ausrüstung. Sie liegen jeweils zu dritt in einem großen Schlafsack und wärmen sich gegenseitig, während die Temperatur im Zelt minus 40 Grad Celsius beträgt.

Als der Sturm nachlässt, kriecht Nansen hinaus. Er klopft den Schnee von den Säcken und vom Proviant und zündet den Kocher an, um Tee zuzubereiten. Es ist auch die weise Zusammenstellung der Lebensmittel, die die Männer alle Strapazen überstehen lässt. Den größten Teil macht Trockennahrung mit vielen Kohlenhydraten, viel Fett und Eiweiß aus, die leicht zu tragen ist: Schokolade mit 20 Prozent Fleischpulveranteil, getrocknete Bohnen, Erbsen und Linsen, Hafermehl, Kekse und Knäckebrot, außerdem Pemmikan – eine Mischung aus Dörrfleisch und Fett. Jede Ration wiegen die Männer genau ab, damit die Vorräte nicht zu schnell verbraucht sind. Morgens trinken sie heiße Schokolade, abends Tee. Für den Wasservorrat unterwegs füllen die Männer Schnee in Flaschen, die sie sich um den Hals hängen und eng am Körper tragen. Während sie wandern, schmilzt der Schnee zu Trinkwasser.

Tag für Tag arbeiten sie sich voran. Doch wegen der langen Drift auf der Eisscholle haben sie Zeit verloren. Am 26. August beschließt Nansen, die Route abzukürzen, um Ende September noch das letzte Schiff des Jahres nach Kopenhagen zu erreichen. Statt nach Christianshåb will er jetzt zur näher und weiter südlich gelegenen Siedlung Godthåb wandern. Müde von den Strapazen und der Kälte jubeln die anderen vor Freude. Mittags in der Sonne steigt die Temperatur zwar auf bis zu 20 Grad Celsius. Bei sternenklarer Nacht aber stürzt sie jäh ab. Die Männer haben allerlei Messinstrumente dabei – Barometer, Theodoliten und natürlich Thermometer. Der Rekord liegt schließlich bei minus 45 Grad Celsius. „Eine so tiefe Temperatur ist im September auf der ganzen Welt noch nie gemessen worden", notiert Nansen in seinem Tagebuch.

Die sechs wandern weiter und geraten in einen neuen Schneesturm. Doch vor allem Nansen und Sverdrup behalten einen kühlen Kopf. Diesmal machen sie weiter. Sie binden die Schlitten zusammen, spannen eine Zeltbahn zum Segel auf und lassen sich treiben. Nur mit Mühe können sie das Gespann im Zaum halten. Doch es klappt, der Wind übernimmt die Arbeit. Am 19. September hallt plötzlich Baltos Stimme durch die Stille: „Land voraus!" Er deutet nach Westen. Durch den feinen Dunst des treibenden Schnees ist ein dunkler Gebirgsrücken zu sehen.

An diesem Abend gibt es eine Sonderration: Marmelade, Kekse und viel Butter. Sie sind jetzt so weit im Westen Grönlands, dass sich der Eispanzer merklich zur Küste neigt. Spätestens jetzt zahlt es sich aus, dass sie allesamt gute Skifahrer sind. Halb auf den Schlitten gelehnt, halb mit einem Ski steuernd, sausen sie die Hänge hinab; eng an Gletscherspalten vorbei oder – dank der langen Schlittenkufen – einfach darüber hinweg. Noch einige Tage wandern sie durch die Berglandschaft hinab der Küste entgegen, bis sie schließlich das Eis ganz hinter sich lassen und zum ersten Mal ihr Zelt auf einer Bergwiese aufschlagen.

Nach Wochen der Kälte zünden sie ihr erstes wärmendes Lagerfeuer an und genießen die laue Luft, die von Süden die Westküste entlangstreicht. Und dann endlich, am 26. September 1888, haben sie es geschafft. Sie erreichen den Ameralikfjord und damit die Westküste Grönlands. Hier, ganz für sich allein, triumphieren die sechs Männer. Monate zuvor hatte man sie verlacht. Jetzt, gut zwei Monate, nachdem sie von Bord der „Jason“ gegangen sind, nach einer abenteuerlichen Reise auf der Eisscholle und einer strapaziösen, rund 600 Kilometer langen Wanderung sind sie am Ziel: Fridtjof, Balto, Kristian, Ole, Oluf und Otto sind die ersten Menschen, die Grönland zu Fuß durchquert haben.

Allerdings erreichen sie das letzte Postschiff nicht mehr und überwintern in einer Inuitsiedlung an der Küste. Erst am 30. Mai des nächsten Jahres kehren sie zurück in die norwegische Hauptstadt Christiania, so der frühere Name Oslos. Dampfer und Hunderte Segelboote begleiten sie durch den schmalen Christianiafjord bis zum Hafen. Fridtjof Nansen ist ein Held – und ganz nebenbei um eine wissenschaftliche Erkenntnis reicher, die viele Wissenschaftler bis dahin angezweifelt hatten: Das Innere Grönlands ist ganz von Eis bedeckt.

Für die Recherche hat Tim Schröder, Jahrgang 1970, freier Wissenschaftsjournalist in Oldenburg, Nansens Buch über die Grönlandquerung gelesen. Ihn hat überrascht, wie aufgeklärt der norwegische Forscher seinerzeit war – sowohl, was seinen Respekt gegenüber den Inuit betrifft, als auch sein Wissen über den Nährwert von Lebensmitteln.

Gefahr durch die Hintertür

mare No. 147, Salon: „Aufwachen!"

Nein, mare ist nicht nur für Küstenbewohner interessant. Ist doch die Nordsee in der erdgeschichtlichen Vergangenheit mehrfach bis weit ins heutige Norddeutschland vorgestoßen! Als Geologe haben mich die wandernden Küstenlinien schon immer fasziniert, ob in der jetzigen oder in den früheren Warmzeiten. Aber der Blick in die Vergangenheit zeigt uns auch mögliche künftige Szenarien. Was noch vor wenigen Jahren als weit hinter dem Zukunftshorizont zu liegen schien, kann durch den sich drastisch verstärkenden Meeresspiegelanstieg schneller Realität werden als gedacht. Während die Nordseeküste gut verteidigt wird, entsteht eine auch von Fachleuten meist unterschätzte Gefahr durch die Hintertür: Auch der Ostseespiegel wird ansteigen, und damit ist das Vorrücken des Stettiner Haffs und die Flutung des sich nur wenige Dezimeter über NN erhebenden Unteren Odertals zu erwarten.

Dr. Werner Stackebrandt, Potsdam

Unfassbar dummer Irrtum

mare No. 146, Salon: „Nach dem Schreiben"

Peinlicher geht es nicht mehr: Frau Venske, die sich als Nordsee-Kennerin geriert, unterläuft in ihrer manierierten Eigenwerbung ein unfassbar dummer Irrtum – und in der mare-Redaktion fällt das niemandem auf??? Frau Venske schreibt: „Auf dem Cover eine Möwe im Sturzflug, eine behäbige Ente an Land. Die beiden verkörpern genau die Ambivalenz …" Auf der briefmarkengroßen Abbildung des Buchcovers ist ohne Lupe unschwer zu erkennen: Das sind zwei Silbermöwen. Obige fliegend, adult, unten stehend, im jugendlichen Flügelkleid ihres ersten Jahres. „Vergiss nicht", verrät Frau Venske wem auch immer, „mit dem Schreiben ist es wie mit der Seefahrt, mit Romantik und einem Shanty im Kopf kommt man nicht weit. Man muss sich vorbereiten, muss Karten und Sterne studieren." Und vielleicht mal recherchieren, wenn man einen Vogel (oder was auch immer) nicht kennt, bevor man ihn als „behäbige Ente" tituliert. Und als Redaktion, die für anspruchsvollen Journalismus steht und sorgen sollte, vielleicht mal genauer hinsehen, bevor man bodenlosen Quatsch veröffentlicht. Eine junge Silbermöwe zu erkennen ist wirklich kein Fach- oder Expertenwissen, ausm Fenster gucken hätte schon geholfen.

Karin Duwe, Heikendorf

Frau Duwe hat recht. Wir danken für ihren kennerhaften Hinweis und bitten die Leserinnen und Leser um Entschuldigung für unseren Lapsus. Die Red.

Wir freuen uns über Ihre Briefe, müssen uns aber Kürzungen vorbehalten.
mare Leserbriefe, Pickhuben 2, 20457 Hamburg, mare@mare.de

Mein Hooge, *18.*

Unser Kolumnist reiste als Jugendlicher achtmal nach Hooge. Jetzt, nach 30 Jahren, erkundet er die Hallig erneut, als Erwachsener, als Stadtmensch, mit tausend Fragen im Gepäck. Heute taucht er in die friesische Vergangenheit ein

Von Jan Keith

ICH WUNDERE MICH IMMER WIEDER, WOMIT SICH Menschen in ihrer Freizeit so beschäftigen.

Mein Vater zum Beispiel hat eine Obsession für Völker, die niemand kennt. Wenn er beim Abendessen das Tischgespräch an sich zieht, kann es schon mal sein, dass er aus dem Stand über die Lebensweisen der Burjaten, Tschuwaschen, Wepsen oder Zo'é referiert. Natürlich kann er auch Mainstream – die alten Griechen, Römer, Ägypter. Er weiß einfach alles.

Ich musste Papa einfach nur zuhören, um im Geschichte-Leistungskurs zu glänzen.

Seltsamerweise gibt es ein Volk, das er seit 78 Jahren ignoriert: die Nordfriesen. Nie waren sie Thema bei Tisch. Nie sah ich ihn ein Buch über sie lesen. Das hat dazu geführt, dass ich glaubte, die Nordfriesen seien nicht der Rede wert.

Heute bin ich anderer Meinung: Sie sind es sehr wohl. Sie verdienen es sogar, in Papas Repertoire aufgenommen zu werden – weil sie im Lauf der Geschichte immer dann zur Höchstform aufliefen, wenn die Lage besonders aussichtslos war. Mich beeindruckt so etwas.

Das beste Beispiel sind die Nordfriesen auf Hallig Hooge. Mehrere Male standen sie schon vor dem Nichts. Das erste Mal gleich zu Beginn. Als die Friesen im elften und zwölften Jahrhundert die Gegend um Hooge besiedelten – politischer Druck der Franken machte eine Auswanderung nötig –, fanden sie nämlich eine halbaquatische, zergliederte Marsch- und Moorlandschaft vor (die Halligen in ihrer heutigen Form entstanden erst später), mit vielen Prielen, Wasserläufen, unwegsam und feucht. Im Prinzip eine riesige Matschküche, in der es unmöglich war, auch nur eine einzige Gerste anzubauen.

In solch einer Umgebung wäre ich jämmerlich verhungert.

Die Hooger Friesen aber wussten, was zu tun ist: Sie bauten Salz ab. Ein Produkt, das im Hochmittelalter unglaublich wertvoll war. Sie hatten entdeckt, dass sich unter der Marsch aufgrund der Überflutungen salzgesättigter Torf befand. Mit viel Mühe gruben sie diesen aus, trockneten und verbrannten ihn. Die Salztorfasche lösten sie dann in Wasser auf und siedeten sie aus. Fertig war das Salz, das wegen der Aschereste eine graue Farbe hatte.

Zwar war das Hooger Salz nicht so hochwertig wie etwa das Salz der Lüneburger Saline. Doch der Nachfrage aus den Handelsstädten tat das keinen Abbruch – das graue Friesensalz wurde zum Verkaufsschlager. Von dem Geld gönnten sich die Hooger einige Annehmlichkeiten: schöne Keramik, gutes Metallgeschirr zum Kochen, Schwerter, Schmuck, edle Knöpfe für die Tracht. Überreste davon liegen bis heute im Watt.

Das zweite Mal vor dem Nichts standen die Hooger Friesen dann nach der verheerenden Sturmflut von 1362. Die sogenannte Grote Mandrenke forderte nicht nur Tausende Todesopfer, sondern gestaltete auch die nordfriesische Küste komplett um. Der Salzabbau kam damit fast völlig zum Erliegen. Vorbei war es mit dem Wohlstand.

Doch statt sich mit dem nun einfachen Bauernleben abzufinden, schafften es die Hooger Friesen erneut, gesellschaftlich und finanziell aufzusteigen. Diesmal als Seefahrer.

Im 18. Jahrhundert waren Hooger Kapitäne die Stars der Branche. Niederländische Reeder benötigten für ihren boomenden Handel mit Asien auch ausländische Kapitäne – und engagierten bevorzugt Hooger Schiffsführer. Sie galten als verlässlich und navigationssicher. Manche von ihnen wurden superreich, weil sie Anteile an den niederländischen Schiffen besaßen. Ein Hooger Kapitän, Haye Laurens, schaffte es sogar in die Geschichtsbücher, weil er 1804 den späteren König von Frankreich aus dem Exil zu seinen Brüdern nach Kalmar in Schweden fuhr. Es war Hooges goldene Ära.

Als auch diese Zeit zu Ende ging, suchten sich die Hooger Friesen wieder etwas, das sie aus dem bäuerlichen Elend herausholte: den Tourismus. Heute besitzt fast jeder der 100 Bewohner ein, zwei oder drei Ferienwohnungen. Die meisten sind für die kommenden anderthalb Jahre bereits ausgebucht.

Ich wünschte, ich wäre so wie die Nordfriesen. Sie haben zwar keinen Aristoteles, keinen Cäsar und keinen Tutanchamun hervorgebracht. Dafür sind sie ein Volk voller Stehaufmännchen.

Also, lieber Papa, ist das alles nicht der Rede wert?

Denk doch darüber nach, wenn du uns das nächste Mal die Welt erklärst.

Die Tragödie einer Insel

Fotos und Text: Nicola Lo Calzo

Die Geschichte São Tomés ist geprägt von den Gewalterfahrungen des Kolonialismus und der Sklaverei. Seine Bewohner spielen bis heute mit einer einzigartigen Theatertradition dagegen an

Vorherige Doppelseite links **Die Krone Karls des Großen aus dem einzigen Stück des „Tchiloli", der „Tragödie des Marquis von Mantua".** *Daneben* **Osvaldo, 35, Hüttenarbeiter, in der Rolle des Verräters Ganelon. Er ist seit fünf Jahren bei der „Tragédia Florentina" in Trindade.** *Rechts* **José Manuel Carvalho, 14, Schüler, spielt eine Wache von Prinz Karl. Seine Familie hat die „Tragédia Formiguinha de Boa Morte" gegründet.** *Unten* **Die Bühne ist nicht begrenzt, das Publikum kann am Prozess um den Prinzen teilnehmen.** *Rechte Seite* **Gilmar Afonso, Mitglied der „Tragédia Formiguinha", hat bewusst die Rolle des Herzogs Aymon gewählt. Er sei als Vermittler zwischen dem König und der Familie Mantua ein Repräsentant von Werten und Gerechtigkeit**

In den Jahren 2019 und 2020 entstand auf São Tomé, einer kleinen Insel im Atlantik, die einst unter der Kolonialherrschaft der Portugiesen stand, meine fotografische Arbeit „Tragédia". Sie zeigt eine Theatertradition, die es nur dort gibt. Jede Woche werden in den Städten und Dörfern, an den Küsten und an den Rändern des tropischen Walds, der einen Großteil der Insel bedeckt, gegenwärtige und vergangene Konflikte auf die Bühne gebracht. Das Spiel, die Tänze sind ein Abbild der Gesellschaft des zweitkleinsten Staats Afrikas, den seine Vergangenheit zum Vielvölkerstaat gemacht hat. „Tchiloli" und „Danço Congo" heißen seine wichtigsten Ausdrucksformen. „Tchiloli" ist eine Art Straßentheater, es ist traditionell das Theater der „Forros", der kreolischen Nachfahren europäischer Einwanderer und freigelassener afrikanischer Sklaven. „Danço Congo" ist ein pantomimisches Tanztheater, es entstand im Geheimen, während der den Sklaven gewährten Feiertage. Sein Erbe wird von den „Angolares" aufrechterhalten, den Abkömmlingen entflohener Sklaven, die seit Mitte des 16. Jahrhunderts im Süden der Insel in Enklaven lebten.

Man kann diese bis heute lebendigen Theaterformen nur verstehen, wenn man ihre Herkunft kennt und die vielschichtigen afrikanischen, europäischen und kreolischen Einflüsse, die die Identität des Volks von São Tomé prägen. Die Geschichte der Insel ist eng mit der Europas verwoben und vom Kolonialismus geprägt. Vom 16. Jahrhundert an hat São Tomé die transatlantische Wirtschaft verändert. Dort wurde erstmals ein sozioökonomisches Modell etabliert, das die nächsten vier Jahrhunderte prägen sollte: die von Sklaven bewirtschaftete Zuckerrohrplantage. Die bereits bewohnte Insel, die 1471 von den Portugiesen „entdeckt" worden war, diente als Laboratorium für den Betrieb von Großplantagen mit rassistisch-hierarchischer Struktur, deren Hauptarbeitskräfte afrikanische Sklaven waren. Die portugiesische Kolonialmacht exportierte die erprobte Systematik der menschenverachtenden Ausbeutung erfolgreich im großen Stil nach Brasilien.

Auch nach der Abschaffung der Sklaverei 1876 blieb die Monokultur der Plantagen maßgeblicher Wirtschaftsfaktor der Insel. An die Stelle der Sklaven traten die „Serviçais", landwirtschaftliche Vertragsarbeiter, die von den Kapverden, aus Angola und Mosambik auf die Insel kamen. Auf dem Papier „frei", waren sie in Wirklichkeit einem Regime der Zwangsarbeit unterworfen, das sich kaum von der Sklavenhaltung unterschied. Diese Zustände beherrschten das Leben auf der Insel bis zur Erlangung der Unabhängigkeit und der Ausrufung der Republik 1975.

Zurück blieb eine verarmte Bevölkerung in einer hierarchisierten Gesellschaft und eine Infrastruktur, die über Jahrhunderte hinweg allein auf den Betrieb der riesigen Plantagen, der Roças,

Linke Seite **Die Musiker von „Danço Congo Vera Cruz" bei einer Probe im Armenviertel von Pantufo.** *Unten* **Die Truppe bei einer Aufführung: Die Figur des Captain Simé tanzt mit den Soldaten. Der Tanz ist ein Ritual, Menschen im Publikum geraten dabei in Trance**

ausgerichtet war. Der Kolonialismus hatte ein Kastensystem hinterlassen, in dem die Rechte des Einzelnen von seiner ethnischen Herkunft abhingen. Dementsprechend waren auch Lebensraum und Tätigkeit von der jeweiligen Zugehörigkeit zu einer Bevölkerungsgruppe bestimmt. Dieses System spiegelt sich noch heute auf der Insel wider: Die kreolischen Forros siedeln überwiegend in den Städten und bestimmen den Handel, die Angolares leben weitgehend an der Küste und fischen, während die Nachkommen der Serviçais, der Vertragsarbeiter, das Land bewirtschaften. Doch im Lauf der Jahrhunderte entstanden sowohl in der kreolischen und als auch in der afrikanischen Bevölkerung Riten und theatralische Inszenierungen, die sich gegen das herrschende System richteten.

„Tchiloli"-Gruppen haben nur ein einziges Stück im Repertoire: die „Tragödie des Marquis von Mantua". Der Überlieferung nach wurde es Mitte des 16. Jahrhunderts von Baltazar Dias, einem portugiesischen Dramatiker aus Madeira, niedergeschrieben. Es ist Teil seiner Bearbeitung spanischer „Romanceros", Volksballaden, die ursprünglich der karolingischen Dichtung des elften Jahrhunderts entstammen. Die Handlung: Prinz Karl, Sohn Karls des Großen, tötet auf einer Jagdpartie den Neffen des Herzogs von Mantua, dessen Frau er begehrt. Als die Mantuaner Gerechtigkeit fordern, muss sich der Kaiser zwischen Staatsräson und Vaterliebe entscheiden. Er verurteilt seinen Sohn zum Tod. Der größte Teil des Dramas widmet sich dem Prozess, der dem Urteil vorausgeht. Das Stück kam vermutlich mit Theatergruppen aus Lissabon und Madeira auf die Insel, die dort auf Einladung der portugiesischen Plantagenbesitzer gastierten.

Es faszinierte die Sklaven. Sie eigneten sich seinen Inhalt an und verwandelten es in eine Klage gegen die koloniale Unterdrückung. Die Farce, ein Plädoyer für die Gleichheit aller vor dem Recht, verlieh ihnen eine Stimme, mit der sie sich vor der Vereinnahmung ihrer Gedanken schützen konnten. Die Gesänge, Tänze und die Sprache des Theaters gaben den Menschen die Macht, sich als Vernunftwesen zu behaupten und eine andere Zukunft anzustreben als die, die die portugiesischen Herren für sie vorgesehen hatten. Sie konnten sich ihre Vorstellungskraft bewahren und ein kollektives Bewusstsein entwickeln. Sie nutzten das Stück auch, um auf versteckte Weise verbotene kultische Rituale ihrer afrikanischen Vorfahren zu pflegen. Bis heute wird es von Generation zu Generation weitergegeben und mit großer Spielfreude aufgeführt.

Jedes Jahr in der Trockenzeit bringen die Nachfahren der Versklavten und der Sklaverei Entkommenen die Parodie auf die Büh-

Lesen Sie bitte weiter auf Seite 92

Unten **Wachturm und Wohnhütten der Plantage „Roça de Boa Entrada". Die Nachkommen der ehemaligen Arbeiter und Sklaven leben heute noch dort.** *Rechte Seite* **Braulio, Mitglied der „Tragédia Formiguinha", in der Rolle des mörderischen Prinzen Karl**

STP 65.22

Rechts **Honorio Soares, Mitglied der Truppe „Danço Congo Vera Cruz“, in der Rolle des Captain Simé.** *Unten* **Traditionell wurden im „Tchiloli“ alle Rollen von Männern gespielt. „Tchiloli Feminino de Cachoeira“ ist die erste Formation auf der Insel, die nur aus Frauen besteht.** *Rechte Seite* **Osvaldo, Taxifahrer, und Mauro, Schüler, spielen in der „Tragédia Formiguinha de Boa Morte“ die trauernde Mutter und Witwe des von Prinz Karl getöteten Neffen des Herzogs von Mantua**

ne, mit Gehrock, Zylinder und gepudertem Gesicht. Heute gibt es auf der Insel etwa zehn „Tchiloli"-Truppen. Nach alter Tradition des europäischen Theaters wurden im „Tchiloli" auch die Frauenrollen von Männern gespielt. Mittlerweile gehören jedoch mehr und mehr Frauen den Truppen an, in jüngerer Zeit wurde sogar eine ausschließlich weibliche Truppe gegründet, die „Tchiloli Feminino de Cachoeira"

Im Gegensatz zum „Tchiloli", wo das afrikanische Erbe unter dem Deckmantel des europäischen Theaters zelebriert wurde, setzt es der „Danço Congo" mit Tanz und Banturhythmen offen in Szene. Der „Danço Congo" schöpft direkt aus den Traditionen der angolanischen Kultur. Er stellt die früheren Machtverhältnisse auf einer Plantage dar, seine Charaktere sind der Hierarchie der kolonialen Ordnung entlehnt: der Hauptmann, die Wachen, der Herr, die Söhne des Herrn, der Henker und die Soldaten. Diese Tradition wird ebenfalls bis heute von mehreren Truppen aufrechterhalten, die „Tragédia Danço Congo Vera Cruz" und die „Tragédia Danço Congo Mini-Carrossel" sind die bekanntesten.

Der „Danço Congo" ist ein wirkmächtiges Ritual. Während der Aufführungen fallen Menschen im Publikum regelmäßig in Trance und betreten die Bühne, die so zu einem transzendenten Raum wird. Der „Danço Congo" ist das Werkzeug der Selbstbehauptung einer Bevölkerungsgruppe, die in der Geschichte der Insel von allen stigmatisiert wurde. In der Vergangenheit war er eine Möglichkeit der Abgrenzung und des Rückzugs in die eigene Kultur und von den Herrschenden verboten. Die Machthaber waren der Meinung, dass sein rasender Rhythmus die Tänzer erschöpfe und ihre Arbeitsfähigkeit auf den Feldern mindere.

Der enge Zusammenhang zwischen der Entstehung dieser Traditionen und den Erfahrungen von Gewalt und Tod, die die Insel geprägt haben, kann nicht oft genug erwähnt werden. Es ist kein Zufall, dass die meisten der heute noch existierenden Theatergruppen in den Jahren des Kampfs um die Unabhängigkeit gegründet wurden, dessen trauriger Höhepunkt das Massaker von Batepá 1953 darstellt: Nach der Abschaffung der Sklaverei herrschte auf der Insel ein Mangel an Arbeitskräften. Die kreolischen Forros weigerten sich, das Land zu bestellen, die Plantagen waren für sie Hort der Jahrhunderte währenden Unterdrückung. Die portugiesischen Kolonialbehörden versuchten sie zur Arbeit zu zwingen und brachten die Serviçais dazu, sich an den gewaltsamen Aktionen gegen die Forros zu beteiligen. Die Kämpfe forderten Hunderte Menschenleben.

Fotografien aus den 1950er- bis 1970er-Jahren dokumentieren die Wiederbelebung der „Tragédia" während der Unabhängigkeitskämpfe. Zu der Zeit vorher und nachher findet sich in den Archiven nichts. Erst in den 1990er-Jahren bekamen „Tchiloli" und „Danço Congo" wieder mehr Aufmerksamkeit und Öffentlichkeit. Heute sehen sich viele Theatertruppen mit finanziellen Problemen konfrontiert. Die nötigen Mittel, um regelmäßig proben zu können, zu Auftritten zu fahren oder Kostüme und Requisiten instand zu halten, sind immer weniger vorhanden. Mit Ausnahme der „Tragédia Formiguinha de Boa Morte", die seit den 1980er-Jahren von der französischen Anthropologin Françoise Gründ unterstützt wird, erhalten die Gruppen weder vom Staat noch aus dem Ausland Hilfe.

Es gibt wenige anthropologische und fotografische Arbeiten zum Thema. Mir war es wichtig, der „Tragédia" mit meinen Bildern Bedeutung zu verschaffen. „Tchiloli" und „Danço Congo" sind ein Teil des unaufhörlichen Dialogs, den kolonialisierte Völker mit dem herrschenden System führen. Meine Bilder sind der Versuch, dem vielfältigen historischen Erbe und seiner Wechselwirkung auf die verschiedenen Bevölkerungsgruppen der Insel näherzukommen. Die „Tragédia" ist ein einzigartiges immaterielles Kulturerbe des afrikanischen Kontinents. Sie wurde und wird von Gemeinschaften bewahrt und weitergegeben, die sich, obgleich schwach und benachteiligt, des Werts ihrer Kunst und ihrer Tradition bewusst sind. In der Abgeschiedenheit eines Inselstaats ist es den Unterdrückten gelungen, dem kolonialen Joch ihre kreative Kraft entgegenzusetzen und das Establishment zu unterlaufen. Sie haben mit der „Tragédia" einen Zufluchtsort geschaffen, dessen tieferer Sinn für die Kolonialisten unsichtbar blieb: einen Zufluchtsort der Schöpfung und der Spiritualität, eine Bejahung des Menschseins durch die Kultur, ein Ausweg aus der Enteignung von Körper und Seele.

Nicola Lo Calzo, geboren 1979 in Turin, arbeitet seit zehn Jahren weltweit an einem fotografischen Projekt über das Erbe der Sklaverei. Er lebt in Paris, unterrichtet an der dortigen Kunstakademie und hat mehrere Bücher veröffentlicht. Seine Bilder erscheinen regelmäßig in „Le Monde", „The New Yorker" und „The New York Times".

DIE NEUEN mare KALENDER 2022

52 Seiten Kultur

mare Kulturkalender 2022
Wochenkalender, 56 Blätter
Format 24 × 32 cm
22 € [D/A]
ISBN 978-3-86648-671-3

Jeden Monat einen Blick aufs Meer

mare Meeresblicke 2022
Monatskalender, 12 Fotografien
Format 82 × 58 cm
49 € [D/A]
ISBN 978-3-86648-672-0

Eine Frau

von Welt

Die Italienerin Eleonora Duse war der Bühnenstar ihrer Zeit, eine von der Leidenschaft Getriebene, rastlos Reisende. Ihre Ruhe fand sie immer wieder am Meer

Von Barbara Schaefer

Linke Seite **Eleonora Duse (1858–1924) auf einer Fotografie aus dem Jahr 1900.**
Oben **Der „Palazzo Eleonora Duse", gemalt von Walter Richard Sickert, um 1901**

R

RAINER MARIA RILKE WAR ANGEFASST. SCHON ALS JUNGER Mann hatte er die Schauspielerin Eleonora Duse verehrt, ihr als 23-Jähriger ein lyrisches Drama gewidmet. Seine „Weiße Fürstin" verzehrt sich vor Liebe, steht sehnend am Ufer, „in ihren Augen ist das Meer. Sie hebt langsam die Arme und hält sie eine Weile weit ausgebreitet". Aber der Geliebte kommt nicht, „das Meer atmet langsamer und schwer". 1912 trifft Rilke Eleonora Duse in Venedig leibhaftig. Man fährt zusammen Gondel, parliert und diniert. Er schreibt: „... da kam sie oft zu mir, die Duse – sie wohnte ganz nah, auf einmal bog ihre Gondel aus der Lagune in meinen Kanal herein, von meinem Schreibtisch aus konnte ich sie erkennen." Doch der Dichter ist indigniert. Die Duse ist nicht ephemere Kameliendame, sondern „so breit und robust". Es bereite ihm eine Art Schmerz, schreibt er in einem Brief, „sie so zu finden, dieser verstärkte Körper". Eine leibhaftige Frau, keine sterbende Marguerite Gautier. Und gar nicht so, wie er sie 1907 ungesehen in seinem Gedicht „Bildnis" besungen hatte:

„Dass von dem verzichtenden Gesichte
keiner ihrer großen Schmerzen fiele,
trägt sie langsam durch die Trauerspiele
ihrer Züge schönen welken Strauß, (...)
und sie lässt, mit hochgehobnem Kinn,
alle diese Worte wieder fallen,
ohne bleibend; denn nicht eins von allen
ist der wehen Wirklichkeit gemäß,
ihrem einzigen Eigentum,
das sie wie ein fußloses Gefäß
halten muss, hoch über ihren Ruhm
und den Gang der Abende hinaus."

An manchen Abenden in Venedig ist er dann doch angetan. „Die Duse war sehr großartig heute, von einer Traurigkeit, wie Wolkenbildungen oben sie haben." Aber er hält es nicht recht aus mit ihr, es genüge eine halbe Stunde, damit sie eine Wohnung abnutze, „es geht eine Unlust, dazusein, in gewissen Momenten von ihr aus, die so penetrant ist, dass den Dingen um sie herum gleichsam die Zähne ausfallen". Als die Schauspielerin schließlich abreist, schreibt der Dichter, er sei „seit den Dusetagen ziemlich herunter".

Eleonora Duse wird 1858 im lombardischen Vigevano in eine Schaustellertruppe hineingeboren. Mit vier Jahren steht sie auf der Bühne. Mit 14 spielt sie die Julia in der Arena von Verona. Sie tritt in wechselnden Compagnien auf, arbeitet sich im Rollenfach empor, wird „prima attrice assoluta", gründet eine eigene Schauspielgruppe. Nun ist sie nicht mehr nur Schauspielerin, sondern immer auch Intendantin, Regisseurin und Geschäftsfrau. Sie hat eine Tochter, die sie selten sieht. Sie spielt die Paraderollen der Zeit, die Kameliendame und weitere Gassenhauer. Bis ihr das nicht mehr genügt. Sie will neue, moderne Stücke spielen. Damit steht sie zwischen den Jahrhunderten, am Ende des Divenzeitalters einer Sarah Bernhardt und am Anfang des Regietheaters.

Eleonora Duse hatte wechselnde Liebesbeziehungen und war Zeit ihres Lebens unterwegs. Ihrer hektischen Reisesehnsucht liege „eine unbändige Sehnsucht, anders zu werden, als man ist, sich zu wandeln", zugrunde, schrieb der österreichische Kritiker Kurt Klinger. Man muss verstehen: Es war auch die Zeit der Psychoanalyse. Man hatte Nerven und Hysterien, man deutete. Bei Hugo von Hofmannsthal klang es so: „Sie ist das ruhmbeladenste Geschöpf der Erde und das ruheloseste; ihre Reisen sind Triumphzüge, und sie gleichen einer Flucht. Wie der Fieberkranke seine Kissen wechselt sie die Länder der Welt und findet nicht fußbreit, sich auszuruhen." Was hätte die Duse auch sonst machen sollen? Es gab in Italien keine institutionellen Stadt- und Staatstheater. Die Compagnien zogen von Ort zu Ort – und die Duse, als Star, von Land zu Land.

Das Alleinsein auf Reisen scheint sie genossen zu haben. Als junge Schauspielerin schreibt sie 1885 an eine Freundin: „Ich wünsche mir eine Seereise, um diese 20 Tage allein zu leben, auf meine Weise, frische und gesunde Luft einatmend, die mich an Seele und Leib erneuert." Wenn sie einmal zur Ruhe kommt, sucht sie sich eine Bleibe am Meer. „... und ich lief weg ans Meer. Da bin ich! Während ich dir schreibe, sehe ich das Meer, und ich bin so ungeduldig, am Ufer zu stehen, dass es mich nicht mehr an dem Schreibtischchen hält." Als sie 1894 in Venedig eine Wohnung im Palazzo Wolkoff mietet, schreibt sie einem Freund: „Ich liebe das Adriatische Meer viel mehr als das Mittelländische. Die blauen Fluten und die weißen Segel des Mittelmeeres wiegen mir das smaragdene Meer und die Lateinersegel, die blutend rot sind wie die Sonnenuntergänge, nicht auf. Und was für hübsche Aufschriften sie tragen: Al ritorno! oder: Per te! Oh, unsere Seeleute gedenken immer ihres Heims und derer, die sie dort erwarten, und so

Linke Seite **Eleonora Duse bei einer Gondelfahrt im Jahr 1899.**
Oben **Die Schauspielerin als Ellida in Henrik Ibsens „Die Frau vom Meer", 1898**

schreiben sie diese anmutigen Worte, die ihnen vom Herzen kommen, auf die lebendigen und pochenden Herzen ihrer Barken."

In Venedig kommt es zu einer schicksalhaften Begegnung mit einem anderen Dichter. Alles scheint sich zu erfüllen: eine neue Liebe, ein neuer Autor, ein neues Theater. Nur leider ist der Dichter Gabriele D'Annunzio, und nichts davon wird von Dauer sein.

Als ich vor gut 30 Jahren mit einem DAAD-Stipendium im Vittoriale, D'Annunzios Villa am Gardasee, zur Duse forschte, mich durch den Briefwechsel in der Bibliothek wühlte, habe ich mich gefragt: Wie konnte sie nur auf diesen Knilch reinfallen, diesen pathetischen Schwurbler, präfaschistischen Nationalisten, Erotomanen? Tatsächlich hatten sich da zwei gefunden: ein Dichter, der für seinen Ruhm eine große Interpretin brauchte, und eine Schauspielerin, die mit den alten Rollen am Ende war und als Weltstar einen neuen italienischen Nationaldichter herbeisehnte. Ihrer Freundin und Biografin Olga Signorelli hat sie es so erzählt: „Es war bei Morgenrot in Venedig, als wir uns begegneten, ich irrte herum nach einer schlaflosen Nacht. Plötzlich sah ich ihn vor mir, aus einer Gondel steigend [...] Wir sprachen über die Kunst, von der Misere der Kunst im heutigen Theater!" Wie besessen spielt die Duse einige Jahre fast nur noch D'Annunzios schwülstige, heute gänzlich vergessenen Dramen wie „Francesca da Rimini" und „Città morta". Sie ruiniert ihre Finanzen, bezahlt ihm das volle Aufführungshonorar, auch wenn immer weniger Menschen die Duse in diesen Stücken sehen mochten. Sie hält an der Idee eines neuen Theaters fest, sie erfüllt sich nicht. Und sie hält zu dem Mann, der sie im Leben und in der Kunst betrügt, einen Skandalroman über ihre Beziehung schreibt, in dem er sie als alternde Frau bloßstellt (sie ist fünf Jahre älter als er), und als sie einmal krank ist, fordert er von ihr die Kostüme, damit eine junge Kollegin statt ihrer in der Uraufführung spielen kann.

Der Autor Pirandello fasst das Desaster so zusammen: Eleonora Duse sei die größte Schauspielerin gewesen, „und dass sie in ihrem Alter den Dichter nicht fand, der den gesamten Reichtum und die letzte Tiefe ihrer Kunst zu entfalten wusste, das ist die wirkliche Tragik ihres Lebens". Die Duse schreibt in diesen Jahren, sie fühle sich „von Neuem auf hohem Meer und ohne Segel".

Schließlich kehrt sie dem Theater den Rücken, „erschöpft wie ein entlaufener Hund", kauft in Fossa dell'Abate bei Viareggio ein Haus am Meer. „Ich habe mich in einem winzig kleinen Häuschen

Oben Eleonora Duse und Gabriele D'Annunzio – eine Künstlerliebe, die zur großen Enttäuschung wird.
Rechte Seite Letzte Ehre für den Weltstar in New York, ehe ihr Sarg nach Italien reist

zusammengeduckt, wirklich eine rosa Schachtel mit grünen Fensterläden vor einem großen, unfasslichen Meere." Sie erholt sich von der Liebe, den Weltreisen, ihrer Lungenkrankheit. Und kehrt zu einem Dichter zurück, den sie als Erste 1891 in Italien aufgeführt hatte: Henrik Ibsen. Kehrt zurück auf die Bühne mit jenem Stück, mit dem sie sich am 25. Januar 1909 in Berlin vom Publikum verabschiedet hatte. Sie schreibt in einem Brief: „Mir liegt eine Dichtung am Herzen, von der ich zu sagen wage, dass sie bis jetzt niemand so geliebt hat wie ich. Ich vertraue Dir den Namen meiner schönen Trösterin an: Ibsens Die Frau vom Meer. Sie ist tröstlich und schön und wechselnd wie das Meer selbst, und ihren Namen enthüllt sie ganz demjenigen, der zu verstehen weiß."

„Die Frau vom Meer" wird heute nur selten gespielt. Jene Frau, Ellida, hat einen Mann mit zwei Töchtern geheiratet. Doch sie war heimlich verlobt mit einem geheimnisvollen Seemann, der sich in ihre Sehnsüchte schleicht. Sie kann sich weder für den fernen Geliebten noch für den Ehemann entscheiden. Erst als der Ehemann sie freigibt, fällt sie eine Entscheidung. Und bleibt. Ibsen schrieb über sein Stück, es gehe um „die Anziehungskraft des Meeres, die Sehnsucht nach dem Meer. Die Menschen sind verwandt mit dem Meer. Möchten dorthin zurück. Das Meer beherrscht die Macht der Stimmungen, eine Macht, die wie ein Wille wirkt. Das Meer kann hypnotisieren".

Mit weißen Haaren und ungeschminkt steht Eleonora Duse wieder auf der Bühne, es wird ein Triumph. Angesichts des Phänomens Duse waren die Kritiker immer wieder sprachlos – was sich in endlosen Wortkaskaden äußerte. Sie beschworen ihre Kunst, aber auch ihr Bild als Leidende. So etwa Hugo von Hofmannsthal, der die Duse in Wien sah: „Diese Frau leidet die Leiden unserer Zeit mehr als irgendein anderes Geschöpf und in einer großartigeren Weise." Ihr Kommen und Verschwinden sei „wie das Herabtaumeln eines verwundeten Sturmvogels auf das mit Menschen überfüllte Verdeck eines Schiffes". Auch Alfred Kerr, Theaterkritiker in Berlin, ist 1904 verzückt, lobt ihre Ibsen-Auftritte und schreibt als Fazit: „Bei der Duse hört man die Ewigkeit rauschen, bei der Bernhardt die Kulissen wackeln."

Mit der Rückkehr zu Ibsen gibt die Duse alles. Sie lässt die Kostüme von der Malerin Natalija Gontscharowa entwerfen, bittet sie, die Persönlichkeit der Ellida zu unterstreichen: „Traum und Wahrheit – und das Meer als Ausgangspunkt für das übersteigerte Wesen unserer Ellida." Und in einem weiteren Brief: „Ellida sehnt sich nach dem Meer – sie setzt sich zusammen aus den Elementen des Meeres –, alles ist Logik, Dichtung. Einheit und Harmonie. Die zwei Kleider müssen an das Meer erinnern. Das Meer mit seinen Farben und seinen tiefblauen Reflexen – violett, violett, dunkelviolett – schimmernde Schaumkronen." Sie wünscht sich ein sehr helles Kleid, „wie das Meer am Morgen", und für den vierten Akt „ein dunkles Kleid – ganz weich – tiefblau, violett – wie das nächtliche Meer". Sie probt in Rom, erinnert sich an eine andere Übersetzung, schickt jemanden in ihr Haus nach Asolo, er telegrafiert, er finde das Buch nicht. Sie schreibt: „Füllen Sie mit Büchern so viel Koffer Sie finden, und senden Sie sie ab." 14 Koffer treffen ein, sie findet das Buch. Ein Freund sagt zu ihr: „Liebe Frau Eleonora, Sie sind zur Kunst zurückgekehrt, um Geld zu verdienen, aber macht man das so …?"

Und wieder fährt sie übers Meer, eine Tournee in den USA. New York, 29. Oktober 1923, die Met ist ausverkauft. Sie spielt „Die Frau vom Meer", 30 000 Dollar Einnahmen. Wo auch immer sie auftritt, spricht sie nur Italienisch. Man muss es sich wohl wie Opernaufführungen vorstellen: Der Stoff war bekannt, es kam auf die Interpretation an. Ein französischer Kritiker schrieb: „Wenn man die Duse sieht und hört, kann man wie durch ein Wunder Italienisch." Charles Chaplin sieht sie 1924 in Los Angeles: „Da war nichts von Theatralik, es war eine Stimme, die aus der verhaltenen Glut tragischer Leidenschaft emporschlug. Ich verstand kein Wort, begriff aber, dass da die größte Schauspielerin auftrat, die ich je gesehen hatte." Kreuz und quer ging es mit dem Zug durch Amerika. In Pittsburgh erkrankt sie an Lungenentzündung, stirbt im Hotelbett, am 21. April 1924. Ihr Sarg wird per Schiff nach Italien überführt. Ein weiterer Dichter, Gottfried Benn, hat ihre letzte Reise in Versen verewigt:

„Ach, das ferne Land,
wo vom Schimmer der See'n
die Hügel warm sind,
zum Beispiel Asolo, wo die Duse ruht,
von Pittsburg trug sie der ‚Duilio' heim,
alle Kriegsschiffe, auch die englischen, flaggten halbmast,
als er Gibraltar passierte."

Barbara Schaefer, Jahrgang 1961, schrieb ihre Magisterarbeit in Theaterwissenschaften über Eleonora Duse. Sie verbrachte einen Winter am Gardasee im Vittoriale, solidarisierte sich absolut mit der „prima attrice assoluta" – und fand, D'Annunzio sei ein Schuft. Es war dann doch komplizierter.

Gavin Francis:
„Inseln. Die Kartierung einer Sehnsucht“,
aus dem Englischen von Sofia Blind, DuMont, Köln, 2021, 256 Seiten, 80 Abbildungen, 28 Euro

Thomas Koebner:
„Inseln. Wunschland, Wildnis, Weltferne. Fundstücke aus Literatur und Film“,
Schüren, Marburg, 2021, 372 Seiten, 34 Euro

Alastair Bonnett:
„Das Zeitalter der Inseln“,
aus dem Englischen von Andreas Wirthensohn, C. H. Beck, München, 2021, 246 Seiten, 52 Abbildungen, 23 Euro

Sehnsuchtsorte und Fluchtpunkte

Drei Bücher, ein Thema: Ein Arzt, ein Literaturwissenschaftler und ein Geografieprofessor ergründen die ewige Faszination von Inseln

Ingrid Bergman in Rossellinis Film „Stromboli“

MACHEN INSELN EINSAM? IMMERhin leitet sich der Begriff „isolieren“ vom italienischen *isolare* ab, in eine Insel verwandeln. „Warum sonderst du dich ab?“, fragte sich Autor Gavin Francis selbst, als er sich entschloss, auf die Hebriden zu reisen. Er war damals Mitte zwanzig und viel beschäftigter Arzt in einem Großstadtkrankenhaus. Das Leben verhieß ihm eine gesellschaftliche Karriere; er aber bestieg eine Fähre, entschied sich für „Abgeschiedenheit in einer immer enger verbundenen Welt“.

„Inseln. Die Kartierung einer Sehnsucht“ ist eine Art persönlicher Rückblick, verbunden mit der Einladung an die Leser, die bereisten Inseln „mit ihren eigenen Träumen zu besetzen“. Und dafür lässt Francis viel Raum. Er liefert keine verdichteten Reportagen, sondern nur kurze Skizzen seiner Inselaufenthalte, Kindheitserinnerungen und Begegnungen unterwegs. Etwa von seiner Zeit als Leuchtturmwärter auf der schottischen Isle of May.

Die eigentliche Reise unternimmt der Leser entlang der rund 90 abgedruckten Karten, viele davon in Farbe, teilweise aus früheren Jahrhunderten, die im Buch ihren ganz eigenen Charme entfalten. Der Leser, so die Handlungsempfehlung des Autors, solle erst einen Text lesen und dann noch einmal die Karte anschauen. Und so fährt man mit dem Finger die Küstenlinien entlang der Azoren oder Kanaren, entlang von Häfen und Leuchttürmen, gerät dann zurück in den Text, der selbst entlang von Zeiten und Zitaten mäandert: vom legendären Seemann Joshua Slocum über Shakespeare bis zum amerikanischen Historiker Thurston Clarke: „Inseln wecken Gefühle wie Leidenschaft, Gelassenheit und manchmal Furcht, sie bieten Menschen die Gelegenheit, sich selbst zu finden – oder den Verstand zu verlieren.“

Auch Thomas Koebner hebt in **„Inseln“** auf deren Isoliertheit ab. Inmitten des Meeres, so der Literaturwissenschaftler, blieben sie vom Prozess der Zivilisation einigermaßen „verschont“. Auch wenn die Idee von den „Inseln der Seligen“ sich am Ende als Schimäre erwiesen habe. Koebners Streifzug durch Inselwelten in Film, Literatur und Malerei liefert eine Tour de Force durch Robinsonaden, verlorene Paradiese, Utopien, trügerische Idyllen oder Toteninseln, die man hier nur in Stichworten wiedergeben kann: Bergman, Coetzee, Gauguin, Huxley, London, King Kong, Melville, Papillon, Stromboli und vieles mehr. Ein sehr lesenswertes Kompendium, das, jeweils knapp skizziert, auch eher Unbekanntes wie Owaschwilis wunderbaren Film „Die Maisinsel“ berücksichtigt.

Dagegen kommt Alastair Bonnetts **„Zeitalter der Inseln“** geradezu prosaisch daher: Inseln würden verschwinden, aber auch auftauchen – aus Sand oder Korallengestein, irgendwo abgetragen, um woanders wieder aufzuragen: wie die Flug-

John Abraham Slezer: „The Bass Rock from the South“, um 1700

Satellitenbild von Hunga Tonga-Hunga Ha'apai

hafeninsel Chek Lap Kok in Hongkong (mit 1248 Hektar fast doppelt so groß wie Gibraltar) oder Flevopolder in Holland, mit 970 Quadratkilometern die größte künstliche Insel der Welt, fertiggestellt 1968 als Wohnsiedlung.

Vom Südchinesischen Meer bis zum Atlantik erheben sich Inseln oder gehen unter, durch Erosion oder Explosion. Alastair Bonnett erkennt darin einen Rhythmus, „faszinierend und beängstigend", aber auch ein „planetarisches Spektakel". Natürlich weiß der Professor für Sozialgeografie um die ökologischen Folgen für Meeresflora und -fauna.

Inzwischen, konstatiert er nicht ohne Ironie, versuche man in Flevopolder eine ökologische Artenvielfalt anzusiedeln, die es an dem Ort, der ursprünglich tief unter kabbeligem Nordseewasser lag, nie gab. Der Versuch, die künstliche Insel in eine Wildnis zu verwandeln, sei „ein Akt der Reue und der Nostalgie", zeuge aber auch von einigem Mut.

Während Gavin Francis also persönlich zurückblickt, Thomas Koebner Inszenierungen reflektiert, schaut Bonnett nach vorn: Inseln böten „die Möglichkeit zu Neuem, zu Hoffnung".

Roland Brockmann

Ina Vultchanova:
„Crash Island",
aus dem Bulgarischen
von Elvira Bormann-Nassonowa,
eta, Berlin, 2021,
232 Seiten, 15,90 Euro

Seltsame Sommerferienstimmung

Die bulgarische Schriftstellerin Ina Vultchanova verwebt zwei Frauenschicksale zu einem wunderbar eigensinnigen Roman

MORGENS GEHEN SIE ERST EINMAL joggen: Radost und Chris, die neue Frau von Radosts Ex, der ein Sommerhaus auf der kroatischen Insel Krk hat. Sie laufen unter den Feigenbäumen hindurch, an den Olivenbäumen vorbei, bis es genug ist und die beiden Frauen umdrehen können. Danach: Frühstück zu dritt auf der Terrasse, Fahrt mit dem Auto zum Strand. Schwimmen im smaragdgrünen Meer, das zugleich immer wieder überraschend kalt ist.

Es ist ein seltsam launischer Sommer, nur wenig mehr als 20 Grad hat es, und das im August. Also kurzes Aufwärmen in der Kneipe, die zum Strand gehört, pünktlich stellt sich der Sonnenuntergang ein. Dann die Rückfahrt, Einkaufen im Supermarkt, bis der Kofferraum voll ist. Anschließend Grillen und Essen auf der Terrasse, noch ein wenig reden, bis man müde ist und endlich ins Bett gehen kann.

Am nächsten Tag wiederholt sich alles; wie schnell doch das Zeitgefühl flöten geht, welcher Tag ist heute? Einmal gründlich ausspannen will Radost und: zwei Wochen zu dritt, die restlichen vier Wochen der Sommerferien wird sie für sich allein sein, in dem großen Haus. Mann und Kind hat sie daheim gelassen im sommerstaubigen Sofia. Denkt kaum an die beiden, könnte sich ja wenigstens kurz einmal bei ihnen melden, vielleicht ist ihr Mann ja doch eifersüchtig, es plagen ihn Befürchtungen, aber gibt es überhaupt irgendwo Wi-Fi?

Was Radost nicht weiß: Es denkt jemand anderes an sie, sorgt sich regelrecht um sie, wähnt sie in Gefahr. Eine Arbeitskollegin im weitesten Sinn, einmal sind sie sich kurz über den Weg gelaufen, in einem Betriebsferienheim am Schwarzen Meer: Für Assia, die sich damals so unwohl in ihrem Körper fühlte, dazu mit einem grobschlächtigen Mann geschlagen, wurde es eine schicksalhafte Begegnung; Radost wird sich daran kaum noch erinnern können, auch wenn sie Assia damals ihr Geburtsdatum genannt hat. Das versprochene Horoskop hat sie jedenfalls nie eingefordert.

Keine Sorge: Auch wenn Assia feststellt, dass sie beide am gleichen Tag, um die gleiche Uhrzeit, auch im selben Jahr, nur nicht im selben Monat geboren wurden, sodass bei Radost die Venus in der Waage steht, bei ihr aber die Venus im Skorpion, ist der Roman kein leichtgläubiger Esoterikschinken. Vielmehr erzählt Vultchanova in berückend alltagsnahen Episoden von zwei Frauen, deren Leben aus den Fugen geraten ist und die auf unterschiedliche Weise erfahren, wie es sich wieder zusammenfügen lässt.

Abwechselnd in der Ichperspektive geschrieben, ist „Crash Island", ausgezeichnet mit dem Literaturpreis der Europäischen Union, ein wunderbar seltsamer Roman. Einer, der nicht einem durchkonstruierten Spannungsaufbau folgt, sondern sich ein ganz eigensinniges Erzähltempo erlaubt. So fliegt man durch die Seiten, lässt sich verwirren, irritieren und wieder einfangen von der atmosphärischen Dichte, mit der das Geschehen auf Krk wie in Sofia geschildert wird, ist hingerissen von Vultchanovas empathischen Landschafts- und Natur- und eben auch den Stadtschilderungen. Und ja – nach Krk, da müsste man einmal wieder hin. Und Sofia – doch, dahin auch.

Frank Keil

Louis-Philippe Dalembert:
„Die blaue Mauer“,
aus dem Französischen
von Christine Ammann,
Nagel & Kimche, Zürich, 2021,
320 Seiten, 24 Euro

Was nicht in der Zeitung steht

Louis-Philippe Dalembert verdichtet ein reales Flüchtlingsdrama im Mittelmeer zu einem Roman, der die Menschen in den Blick nimmt

IM JULI 2014 EREIGNETE SICH IM Mittelmeer zwischen Libyen und Italien eines jener Verbrechen, die als „Tragödie“ für einige Tage die Medien beschäftigen, ehe sie in Vergessenheit geraten. Doch war es wirklich „tragisch“ im Wortsinn von „unschuldig schuldlos werden“, wenn Schlepper über 750 Flüchtlinge in ein Boot pferchen und, als bei hohem Seegang Panik ausbricht, auf sie einprügeln und sogar schießen? Über 180 Menschen waren bei jener Überfahrt zu Tode gekommen – während des Sturms über Bord gespült oder von der Schleusergang ermordet. Noch mehr Opfer waren nur vermieden worden, weil ein dänischer Tanker dem Schiff zu Hilfe geeilt war und Mannschaft und Passagiere evakuiert hatte.

Auf dem italienischen Festland wurden die Erschöpften notdürftig versorgt, doch schien man ihren Zeugenberichten über mordende Schleuser keinen Glauben zu schenken. Zu kompliziert, zu viele Sprachen, zu viel Chaos. Verständliche Überforderung oder Symptom für eine europäische Ignoranz, die es nicht so genau wissen will und lieber vom „globalen Süden“ schwadroniert, wo es doch um Individualgeschichten geht? Und um einen Rassismus, der kaum thematisiert wird: Die Schlepper waren arabischer Herkunft, ihre Opfer Menschen aus der Subsahara, die bereits in libyschen „Auffanglagern“ peinvoll erfahren hatten, wie groß die Verachtung für „Schwarze“ war – selbst dann, wenn diese als Muslime doch eigentlich als „Glaubensgeschwister“ galten.

Der 1962 in Haiti geborene und heute in Paris lebende Schriftsteller Louis-Philippe Dalembert hat aus diesem Geschehen einen konzisen Roman geformt. „Die blaue Mauer“ unterläuft die Anonymisierung der Opfer und erzählt von drei Frauen und ihrem Flüchtlingsschicksal: Chochana stammt aus einer jüdischen Gemeinde in Nigeria, Semhar aus dem diktatorisch regierten Eritrea, und Dima ist mit ihrer Familie aus dem bürgerkriegszerstörten Aleppo geflohen. Doch ausgerechnet ihr Mann, in der Tradition der „Beschützer“, erweist sich an Bord des Schiffs als unfähig, den Gefahren zu begegnen. Während Dima erkennt, dass die unter Deck zusammengepferchten Afrikaner nur unnützen Ballast darstellen: Da sie die Schiffspassage bereits vorab bezahlt hatten, besitzt ihr Leben keinen Wert mehr.

In dieser Situation nähert sich Dima den beiden anderen Frauen an, die eindringlich warnen, dass jeder an Bord in Lebensgefahr sei – überaus waches Sensorium jener, die bereits in ihren Herkunftsländern erfahren hatten, wie potenziell tödlich Herrschafts- und Gewaltstrukturen sind. Wer vor Dürre, den Terrorangriffen der Boko-Haram-Milizen fliehen musste oder dem brutalen eritreischen Militärdienst zu entkommen suchte, kann sich Illusionen nicht leisten.

Es ist Dalemberts große Kunst, diese drei Frauen nicht als Trägerinnen einer Kollektividentität dargestellt zu haben, sondern als unverwechselbare Menschen, die im Gedächtnis bleiben. Gerade deshalb gerät sein Roman nie in die Falle, pathetische Klischees zu transportieren. Wer dieses ebenso präzise wie humane Buch gelesen hat, wird fürderhin wohl kaum mehr generalisierend von „den“ Flüchtlingen reden. ∞

Marko Martin

Sophie Hardcastle:
„Unter Deck“,
aus dem Englischen
von Verena Kilchling,
Kein & Aber, Zürich, 2021,
320 Seiten, 23 Euro

Gefangen an Bord

Ein unbequemer Roman über eine Seefahrt, die zum Martyrium wird

EINE GESCHICHTE DER GEWALT ERzählt die 1993 geborene, in Sydney aufgewachsene ehemalige Wettkampfsurferin Sophie Hardcastle. Nach einer durchzechten Nacht wacht die junge Frau Olivia auf dem Deck eines Boots auf, kann sich aber nicht mehr erinnern, wie sie dorthin gekommen ist. Sie ist nun unfreiwillig Teil einer männlichen Crew, die das Boot von Nouméa nach Auckland bringen soll. Im Lauf der Handlung wird Olivia von einem der Männer vergewaltigt. Als Inspiration ihres Romans nennt Hardcastle unter anderem den Mythos der von Poseidon vergewaltigten Medusa – für sie eine der frühesten Erzählungen, die Gewalt gegen Frauen darstellt.

Hardcastle, die in ihrem Leben selbst Opfer sexueller Gewalt wurde, hat ein Buch geschrieben, das über viele Seiten schwer zu ertragen ist, auch wenn die Protagonistin am Ende des Romans eine Art Katharsis und Heilung erfährt. Am Ende ist es ihr möglich, zu schreien – und die Idee, dass der Schall in Wellen durch das Meer rauscht, all das Erlebte an die Oberfläche kommen wird, beruhigt Olivia. Die maritime Landschaft und die Yacht werden zum misogynen Gefängnis. Das Meer ist ein feindlicher Ort, ein Strudel, in dem männliche Gewalt stattfinden kann. Der Roman, so hat es Hardcastle selbst ausgedrückt, ist für sie die Antwort auf die Frage eines männlichen Freunds „Warum hast du nicht einfach geschrien?“: eine Möglichkeit, wieder Kontrolle über die eigene Geschichte zu erlangen. „Ich habe so viel losgelassen, indem ich ein Ende schrieb, das ich wollte“, sagt Hardcastle. ∞

Marc Peschke

Florian Wacker:
„Weiße Finsternis“,
Piper, München, 2021,
304 Seiten, 20 Euro

Ursula Schulz-Dornburg,
Martin Zimmermann:
„Die Teilung der Welt.
Zeugnisse der Kolonialgeschichte“,
Wagenbach, Berlin, 2020,
160 Seiten, mit Abbildungen, 28 Euro

Eisige Liebschaften

Amundsens Polarexpedition, als Beziehungsgeschichte neu erzählt

AMUNDSENS POLAREXPEDITION ALS Stoff der Literatur ist kein neues Thema, doch der Frankfurter Florian Wacker wirft einen frischen Blick auf die Geschehnisse. Seine beiden zentralen Figuren sind die verschollenen Seeleute Peter Tessem und Paul Knutsen, Amundsens Begleiter an Bord der „Maud“. Beide waren am 15. Oktober 1919 mit einem Hundeschlitten von dem eingefrorenen Schiff bei Kap Tscheljuskin aufgebrochen, um zuerst die Insel Dikson zu erreichen und dann die Heimreise nach Norwegen anzutreten.

Die beiden Seeleute sind nicht nur Jugendfreunde und Kameraden, sondern auch Rivalen im Kampf um die Gunst von Liv, der Frau von Peter Tessem. Von jener Dreiecksbeziehung berichtet dieser literarische Abenteuerroman, der auch die Suche nach den Verschollenen durch eine russisch-norwegische Expedition detailreich schildert.

Der Rückblick auf das unbekümmerte Leben der drei jungen Menschen in Tromsø, die unbeschwerten Tage des Mittsommers, die Schilderung der burschikosen Liv, die wie Humboldt auf Weltreise gehen will, die Erinnerungen an die Fischer im Hafen und die Eisfahrer in den Hafenkneipen wird in heiterem Ton erzählt. Dort lauschten die beiden Männer einst den Erzählungen, die die Sehnsucht nach der Ferne entfachen: „Hörst du, was sie sagen, hörst du's?“ Die beiden Männer bleiben im Eis. Sie werden nicht nach Tromsø zurückkehren. Und auch Liv Tessem verschwindet spurlos. Sie soll in den Süden verzogen sein, hört man. Doch Genaues weiß niemand.

Marc Peschke

Die stille Ordnung des Kolonialismus

Die Eroberung der Neuen Welt hat der spanische Hof penibel dokumentiert. Ein Buch über die Aktenwelt des Archivo de Indias

IN EINEM BUCH ÜBER EIN ARCHIV für Kolonialgeschichte erwartet man naturgemäß Episoden von Eroberern und Expansionen, mit destillierten, bestenfalls neuen Details aus dem Überlieferten. Das vorliegende Werk über das spanische Archivo General de Indias in Sevilla (mare No. 36) mit Bildern der Fotografin Ursula Schulz-Dornburg und Texten des Historikers Martin Zimmermann verzichtet darauf – und widmet sich stattdessen Wesen und Wert des Archivs selbst. Namen wie Alonso de Ojeda oder Hernán Cortés sucht man ebenso vergebens wie Illustrationen von Eroberungsszenen, und dennoch wird ein Aspekt der spanischen Überseeunternehmungen präsentiert, ohne den diese nie in ihrem Ausmaß hätten stattfinden können: ihre Verwaltung.

Bereits 1503 wurde die Casa de Contratación als Behörde für das spanische Kolonialreich gegründet, doch erst 1785 – als es schon wieder zu bröckeln begann – wurden deren lokale Archive in der ehemaligen Börse von Sevilla zusammengeführt, einem herrlichen Renaissancepalast, dessen Imposanz zur Bedeutung dessen passte, was er fortan beherbergen sollte.

Streng, sachlich: das Archivo General de Indias

Die Fotografien, die dort bereits 2001 entstanden, zeigen die Säle und Loggien des Archivs, bevor sein Bestand in neue, geschütztere Räume verlegt wurde. Zu sehen sind endlose Reihen von Kartonschubern in edlen Holzregalen, die amtlich-schlicht nur mit „México“ oder „Cuba“ beschriftet sind, insgesamt aber Millionen Dokumente enthalten, allen voran die Ratifizierungsurkunde des Vertrags von Tordesillas und die päpstlichen Bullen, die die Kolonisierung der Neuen Welt seinerzeit „legitimierten“. Die archivarische Monotonie und die ruhige Atmosphäre auf den Gängen, die durch Licht- und Schatteneinfälle fast symbolisch inszeniert scheinen, kontrastieren dabei auf subtile Weise das Gewicht der hier lagernden Dokumentation über Spaniens koloniale Herrschaftsausübung.

Die Texte im Buch erläutern wiederum den historischen Kontext und die Wirkungen der Expansionszüge, darunter auch, wie diese die Entwicklung der Seefahrt durch die Vereinheitlichung von Karten und Regeln beeinflussten. Die unvermeidbare Frage, wie identitätsstiftend Kolonialgeschichte sein darf, führt nebenbei zur befremdlichen Erkenntnis beim Leser, dass deren minutiöse Konservierung heute für indigene Völker eine einzigartige Informationsquelle über ihre Geschichte darstellt, während die Konquistadoren einst versuchten, ihre Kulturen auszulöschen.

Seit 1987 sind das Archivo General de Indias und sein Bestand Unesco-Welterbe – allein die Panoramen des dort Aufbewahrten machen Geschichte greifbar.

Stephan Sura

Oslo Philharmonic Orchestra,
Vasily Petrenko, Elise Båtnes:
Nikolay Rimsky-Korsakov,
Scheherazade Op. 35 u.a.,
Concertmaster, Lawo Classics, 2020,
CD, 74 Minuten

Die Wellen zum Klingen gebracht

Der Russe Nikolai Rimski-Korsakow segelte als Kadett um die Welt. In seiner Musik hört man den Weitblick und das Meer

BEDROHLICH ERKLINGT DAS EINgangsmotiv der Symphonischen Suite „Scheherazade" des russischen Komponisten Rimski-Korsakow aus dem Jahr 1888. Man meint die Befehle des Sultans Schahriar aus der Märchensammlung „1001 Nacht" zu hören, der jede seiner Geliebten nach der ersten gemeinsamen Nacht enthaupten ließ.

Schmeichelnd antwortet die Melodie der Solovioline, klangschön interpretiert von der norwegischen Konzertmeisterin Elise Båtnes auf der neuen Einspielung des Werks durch das Oslo Philharmonic Orchestra unter Vasily Petrenko. Die Violine versinnbildlicht die betörende Stimme der klugen Erzählerin Scheherazade. Es gelingt ihr, durch fesselnde Schilderungen der Abenteuer Sindbads des Seefahrers, ihr Leben zu retten. Tiefe Streicher imitieren klanglich die Wellenbewegungen der See, sie werden in den Klarinettenfiguren weitergeführt. Ein strahlender Blechbläsersatz und Schlagwerk lassen ein majestätisches Schiff erahnen, das im vierten Satz dramatisch an einer Klippe zerschellt.

Musikalischer Orientalismus war en vogue im 19. Jahrhundert. Rimski-Korsakow konnte ihn auf ganz persönliche Art und Weise mit Leben erfüllen – er war Seemann. Nach alter Familientradition trat er mit zwölf Jahren als Kadett in die Marineschule in Sankt Petersburg ein. Von 1862 bis 1865 segelte er mit dem Klipper „Almas" um die Welt. Er kannte die Gefahren auf See, hatte die fremden Länder und ihre Bewohner selbst gesehen. Er kannte auch den grausamen Drill an Bord, Prügelstrafen, Demütigungen, Erschießungen. In dieser streng hierarchischen Welt gab es keinen Raum für die schönen Künste.

Der russische Komponist Nikolai Rimski-Korsakow, gemalt von Walentin Serow im Jahr 1898

Von 1865 an widmete Rimski-Korsakow sich ausschließlich der Musik. Als Inspekteur der russischen Marinekapellen blieb er noch einige Jahre im Militärdienst, war aber gleichzeitig Professor für Komposition am Sankt Petersburger Konservatorium. Er wurde einer der fruchtbarsten russischen Opernkomponisten, bekannt für die malerischen Qualitäten seiner Musik, für seine glanzvolle Kunst der Instrumentation. Es zog ihn zu exotischen, märchenhaften Libretti, die mehrfach in den Tiefen des Ozeans spielten.

So verliebt sich in seiner Oper „Sadko" aus dem Jahr 1898 die Meeresprinzessin Wolchowa in einen Troubadour, die Titelfigur der Oper. Ihr Vater, der Meereskönig, beschenkt ihn so reich, dass er eine Flotte ausrüsten, über die Meere segeln und Handel treiben kann.

Rimski-Korsakow gelang es, Weltgegenden in Tönen zu malen, das brausende Nordmeer, die tropische See, Venedigs Lagune. Auf einer Reise gerät Sadko in eine rätselhafte Flaute. Ihm wird klar, dass er sein Versprechen, Wolchowa zu heiraten, halten muss. Er steigt mit seiner Zither ins Meer. In den Tiefen des Ozeans wird die Hochzeit der beiden gefeiert. Doch plötzlich erscheint ein Priester und beendet das Fest. Sadko kehrt auf die Erde zu seiner Frau zurück, die Nymphe Wolchowa verwandelt sich in einen Fluss, der von da an die Stadt Nowgorod, in der der Troubadour lebt, mit dem Meer verbindet.

Elke Seifert

An dieser Stelle berichtet mare regelmäßig über neue Bücher aus seinem aktuellen Verlagsprogramm

„Wir haben eine Münze geworfen"

Kein Heldentableau, kein Ziel – aus einem Experiment von Anne von Canal und Heikko Deutschmann wurde der Briefroman „I get a bird"

mare: *Wie kam es, dass Sie beide gemeinsam ein Schreibprojekt starteten?*
Anne von Canal: Ich hatte schon lange die Idee, einmal einen Briefroman zu schreiben, aber keinen geploteten, sondern einen, der sich entwickelt – und dazu braucht man zwei, die sich schreiben. Dann saßen wir beim Frühstück, und Heikko hat sehr todesmutig gesagt: Er macht mit. Wobei unser Sicherheitsnetz war, dass eigentlich nie ein Buch geplant war.
Heikko Deutschmann: Ausgangspunkt war, dass einer von uns beiden etwas findet – und schickt es dem anderen zurück. Ganz physisch, damit man dem Paket einen Brief beilegen kann. Aber mehr wussten wir nicht. Wir haben eine Münze geworfen – und ich musste anfangen.
A.v.C. Hätte ich angefangen, wäre es ein komplett anderes Buch geworden. Es wäre nichts von dem passiert, was passiert ist. Das ist es, was uns beide so fasziniert hat: dass sich alles ergeben hat, nichts vorherbestimmt war.
H.D. Ich wusste nicht einmal, ob Annes Figur, der ich zurückschicke, was sie verloren hat, ein Mann ist oder eine Frau. Anne wusste von meiner Figur auch nichts.
A.v.C. Umso überraschender war es, dass wir uns beide für Figuren entschieden haben, die ein ähnliches Alter hatten und beide den Verlust einer Tochter zu verarbeiten hatten – das war absoluter Zufall, soweit man das sagen kann.

Die ratlose Zukunftsforscherin Jana schreibt dem Busfahrer Johan, der seinen Beruf aufgeben musste, und umgekehrt. Was ist der Kern der Geschichte?
A.v.C. Es ist die Geschichte einer Begegnung, die erwartungslos ist und deswegen wahnsinnig ehrlich. Natürlich erzählen sich die beiden in den Briefen Geschichten von sich selbst, von denen sie meinen, sie können sie dem anderen anvertrauen. Aber sie zeigen sich in ihrer menschlichsten, verletzlichsten Art. Zwei Menschen entscheiden sich, sichtbar zu werden – vielleicht zum ersten Mal in ihrem Leben.

Die Stadt Freiburg spielt eine Rolle, die Insel Gotland – und dann: Neumünster, wo Johan lebt …
H.D. Ich habe lange in Hamburg gelebt, und Neumünster war – das müssen wir jetzt nicht zu laut sagen – immer eine Art Endstation, das hat mich interessiert: Ich wollte, dass Johan in einer kleinen Welt lebt, die er nicht mehr bewältigen kann.
A.v.C. Was Heikko zu dem Zeitpunkt nicht wusste: dass ich die Gegend um Neumünster herum sehr gut kenne. Ich habe viel Zeit in meiner Kindheit dort verbracht, wir hatten ein Ferienhaus am Nord-Ostsee-Kanal, und Neumünster war immer der Umsteigebahnhof. Für mich und meine Heldin Jana war das ein Heimspiel.

Die beiden schreiben sich lange, ausführliche Briefe. Ist das ein Statement zu unserer so rasanten Social-Media-Kultur?
A.v.C. Ich bin tatsächlich ein großer Fan von Briefen und habe einen halben Regalmeter mit Briefwechseln historischer Figuren. Ich finde es spannend, was und wie sich Menschen in Briefen mitgeteilt haben. Ich bin durchaus in der Lage, E-Mails zu schreiben, die Briefe sind. Aber der Brief an sich erlaubt eine andere Form der Reflexion und Tiefe.
H.K. Man kann es als Statement lesen, nur haben wir es uns vorher nicht als Statement ausgedacht. Ich kann nur für meine Figur sagen: Jemand, der so neurotisch ist wie Johan, würde verstummen, wenn er nur E-Mail und SMS hätte. Johan muss schreibend reden, weil er niemanden mehr hat, weil er eigentlich mit sich selbst redet. Dafür ist ein Brief wunderbar, auch dem Tagebuch sehr verwandt.

Anne von Canal, Heikko Deutschmann: ***„I get a bird",*** *272 Seiten, 22 Euro*

Was haben Sie über das Erzählen und das Schreiben erfahren, was Sie vielleicht ahnten, aber nicht wussten?
H.K. Was mir Anne immer wieder predigt, was ich gewusst habe, dem ich aber nicht vertraut habe: dass man mit dem Erzählen viel ruhiger umgehen kann – und dass dann die Geschichten kommen. Ich bin auch Drehbuchautor, und Drehbuchschreiben ist manchmal wie Malen nach Zahlen – das ist das Schreckliche daran. Aber die Ruhe zu haben zu sagen: „Ich erforsche etwas, und es wird sich unweigerlich ein Inhalt und auch eine Geschichte ergeben, die andere interessiert", das habe ich von Anne gelernt.
A.v.C. Mein Steckenpferd im eigenen Schreiben ist eigentlich immer die Reduktion, das Kondensieren. Ich habe gelernt, einfach einmal loszulassen und zu gucken, was passiert, wenn ich keine bewusste Kontrolle über meine Figuren ausübe.

Das Interview führte Frank Keil.

Prosper Mérimée:
„Tamango“,
aus dem Französischen von Arthur Schurig, Steidl, Göttingen, 2020, 128 Seiten, 18 Euro

Kein gutes Ende

Prosper Mérimées nüchterne Erzählung eines Sklavenaufstands

ALS TAMANGO NACH DURCHZECHTER Nacht aufwacht, stellt er mit Schrecken fest: Er hat seine Frau an einen Sklavenhändler verschenkt. Er, der schwarzafrikanische Handelspartner in einem Küstenort im Senegal, hat gerade 160 Menschen verkauft. Doch als er den Kapitän des Sklavenschiffs bittet, ihm seine Frau zurückzugeben, wird er selbst zum Sklaven erklärt. Tamango erfährt am eigenen Leib das Schicksal, zu dem er andere verdammte. Er kann die Mitgefangenen zu einer Revolte gegen die weißen Seeleute überreden. Doch es gibt kein gutes Ende. Auch nicht für die weißen Herrenmenschen.

Der 1803 geborene Franzose Mérimée erzählt in drei Novellen von großen Gefühlen, von Verrat und Mord, doch immer tut er dies in einer klaren und nüchternen Sprache. Und obwohl er menschliche Schicksale ohne Pathos schildert, schafft er Darstellungen, die den Leser tief berühren. So lässt sich etwa in der sachlichen Beschreibung der technischen Fertigkeit, mit der der Kapitän sein Schiff so umbaut, dass maximal viele Sklaven hineinpassen, um möglichst viel Gewinn zu erzielen, sehr unmittelbar die Grausamkeit ahnen, die Menschen Menschen antun.

Am Ende des Büchleins ist noch eine kleine Episode angehängt. Mérimée schildert darin, wie er einmal vergeblich versuchte, ein Mädchen zu retten. Sie glaubte so sehr daran, von einem Vampir gebissen worden zu sein, dass sie letztendlich daran starb. Im Schlusssatz verflucht der Autor alle, die diese Legende erzählt haben – ein früher Aufruf gegen die Verbreitung zerstörerischer *fake news.*

Katja Engel

Götz Aly:
„Das Prachtboot. Wie Deutsche die Kunstschätze der Südsee raubten“,
S. Fischer, Frankfurt am Main, 2021, 240 Seiten, 21 Euro

Ein Schiff, beladen mit Unheil

Der Historiker Götz Aly entlarvt die Brutalitäten des deutschen Kolonialismus und die Versäumnisse der Provenienzforschung

AM 28. MAI WURDE EINE KISTE INS neu gebaute Berliner Stadtschloss gehievt, so riesig, dass sie nur durch ein offen gelassenes Loch in der Fassade passte. Darin ein Segelboot, einmalig in den Museen dieser Welt. Es ist seit September im Humboldt-Forum zu sehen und bleibt ein strittiges Objekt. Dafür sorgt Götz Aly in seinem Buch mit dem Untertitel „Wie Deutsche die Kunstschätze der Südsee raubten“.

Das 16 Meter lange Auslegerboot hat zwei Masten und Segel aus Palmblattstreifen. Es ist kunstvoll bemalt, mit wundervollem Schnitzwerk verziert und ohne einen einzigen Nagel zusammengefügt. Es ist hochseetauglich und bietet Platz für 50 Krieger oder Reisende. Das Zeugnis einer frühen Hochkultur stammt von der Insel Luf im heutigen Papua-Neuguinea. Die Menschen, die dieses Meisterwerk nach Berlin brachten, macht der Historiker verantwortlich für den Untergang eines Volks und seiner Kultur. In seiner akribischen Provenienzforschung wertete er öffentlich zugängliche Quellen aus – was Berliner Ethnologen bislang versäumten.

Aly weitet den Blick auf das deutsche Kolonialsystem. „Wer die Wilden beraubte oder einen von ihnen niederschoss, Frauen vergewaltigte und junge Männer zur Zwangsarbeit verschleppte, musste in aller Regel keine Strafe befürchten“, empört er sich mit Verweis auf das deutsche Kolonialprogramm, das Bismarck im Sommer 1884 dem Reichstag vorlegte. Bis 1914 führten die Kolonialherrscher ein grausames Regime im „Schutzgebiet“ Deutsch-Neuguinea, das sich über 3000 Kilometer im Pazifik erstreckte.

Von den Hermitinseln im Bismarckarchipel in der Südsee ist Luf die größte. Die Bewohner des 6,6 Quadratkilometer großen Eilands bauten schon vor vielen tausend Jahren aus ausgehöhlten Baumstämmen Boote, mit denen sie erstaunliche Distanzen zurücklegten.

Das Volk, das dies vollbrachte, gibt es nicht mehr. Am 26. Dezember 1882 beschossen deutsche Kanonenboote die etwa 400 Lufiten. Hütten und Boote wurden verbrannt, Marineinfanteristen verfolgten und erschossen unbewaffnete Einwohner. Die nur 50 bis 60 Überlebenden bauten ein Boot, konnten es aber nicht zu Wasser lassen, weil zu wenige Lufiten das Massaker überlebt hatten.

Offiziell hatte die „freiwillige Selbstvernichtung eines Volkes infolge bewussten Erlöschens ihres Lebensmuts“ zu diesem „Bevölkerungsrückgang“ geführt. 1903, so die Archive, „gelangte das Boot in die Hände“ von Max Thiel, Teilhaber der deutschen Handelsfirma Hernsheim & Co. Sie verkaufte es für stolze 6000 Mark dem Berliner Völkerkundemuseum.

Alys Recherchen haben die Museumsleitung wach gerüttelt. Nun soll das Boot „als Mahnmal der Schrecken der deutschen Kolonialzeit und auch in seiner Bedeutung als identitätsstiftendes Werk der Bootsbaukunst gezeigt werden“. Mit seinem engagierten Buch schlägt Aly ein neues Kapitel in der Restitutionsdebatte auf. Sollte Papua-Neuguinea die Rückgabe des Luf-Boots fordern, müsse man die Schlossfassade wieder aufbrechen, fordert er. „Dies wäre gewiss kein unüberwindliches Problem“, so Aly. „In Berlin verbindet sich das Einreißen von Mauern mit den allerschönsten Erinnerungen.“

Joseph Scheppach

Katharina Döbler:
„Dein ist das Reich“,
Claassen, Berlin, 2021,
480 Seiten, 24 Euro

Die Großeltern aus der Fremde

Katharina Döbler hat ihre Familiengeschichte literarisch erforscht: Ihre Vorfahren waren Missionare im einstigen Kaiser-Wilhelms-Land

DASS DER GROSSVATER UND DIE anderen Weißen dort Gäste waren, kam ihm nicht in den Sinn. „Wie die meisten Missionare hatte er kaum einen Begriff von den Sitten, gegen die sie andauernd verstießen.“ Katharina Döbler, geboren 1957, hat sich seit Längerem ihrer Familiengeschichte angenommen (mare No. 118). Herausgekommen ist dabei ein Kolonialroman aus Neuguinea, einst Kaiser-Wilhelms-Land: die Lebensgeschichte ihrer Großeltern, deren lange Seereise geografisch vom bayerischen Dorf ins weit entfernte Inselreich, geschichtlich vom Kaiserreich über die Weltkriege zurück ins fränkische Neuendettelsau führt. Wo die damals jugendliche Döbler den Erzählungen ihrer Großmutter zuhört, die verblichenen Schwarz-Weiß-Bilder studiert und daraus einen Roman entwickelt, der an Christian Krachts „Imperium“ erinnert, aber persönlicher ist. Und darin liegt seine Qualität.

Die Geschichte pendelt zwischen fiktiven Schilderungen und Zeitzeugnissen. Beide Großväter sind ungebildete Bauernsöhne, die als nicht Erstgeborene keinen Anspruch auf den Hof haben. Nach kurzer Schulung zum Laienmissionar suchen sie ihr Glück in der Ferne. Dörfler, die sich, als in Berlin schon die Elektrische fuhr und Freud in Wien praktizierte, am Ideal der Bibeltreue aufrichteten. Kurz vor Abreise heiratet Heiner Mohr eine ihm zugeführte Frau aus der Gemeinde, die ihm nachfolgt. Johann Hensolt lässt sich, zu lange allein in der Fremde, auf eine heimliche Beziehung mit einer „Eingeborenen“ ein, der Vorfall wird vertuscht, Johann heiratet schließlich die zunächst weltoffene Nette, die eigentlich ihr Glück als Schneiderin in New York gesucht hatte. Und Nette ist es, von der die Autorin später am ehesten Auskunft über das Leben in Übersee erhält: Aus dem Blick der Protagonisten bewohnen sie weniger das Deutsche als vielmehr Gottes Reich unter protestantischer Führerschaft. Aber auch sie waren Kolonialisten, die neben der Bibel Masern und Grippe nach Neuguinea brachten, Eingeborene als menschliches Material betrachteten, das man auf den rechten Pfad bringen müsse, notfalls mit Schlägen. Die deutsche Schuld ist politisch kaum zweifelhaft.

Und menschlich? Viele hätten sich in diese hierarchisch konstruierte Welt eingefügt und „eine Selbstaufwertung darüber erlebt“, so die Autorin in einem Interview, „dass sie sich mehr oder weniger als ‚Herrenmenschen‘ fühlten“. Wobei die „Briefe und Anekdoten“ der Familie von großer Gefühlsarmut gezeugt hätten.

Sie hat ihre Großeltern „als Figuren neu entworfen“. Dabei lässt sie ihnen deren innere Beweggründe, Träume und Sehnsüchte, ohne die Familiengeschichte deshalb zu schonen oder gar zu schönen. Döblers wichtigste Zeitzeugin, Nette, starb 1998. Sie erlebte zwei Weltkriege und die Wiedervereinigung, blieb aber stets dem Leben in der Ferne verbunden. „Telefon und fließendes warmes Wasser brauchte man nicht. Fernsehen fand sie dumm. Sie besaß nicht einmal ein Radio. Zeitungen benötigte sie eigentlich nur für ihre Gebete.“ Auf Familientreffen tauchte die Vergangenheit „wie ein Geisterschiff aus einem opaken Nebel“ auf. Mit ihrem Roman hat Döbler die Gespenster auf die literarische Bühne gezaubert.

Roland Brockmann

Im Netz

https://polarjournal.ch

Diese Website ist eine Quelle des Wissens rund um die Pole der Erde. Wer glaubt, einfach einmal auf die Seite polarjournal.ch zu surfen und ein bisschen über Arktis und Antarktis zu lesen, hat sich verrechnet. „Ein bisschen“ gibt es dort nämlich nicht, sondern so viel Wissen, Neuigkeiten, Studien aus den Bereichen Politik, Wirtschaft, Wissenschaft, Tourismus, Gesellschaft, Kultur, Geschichte und über Expeditionen, dass es schwer wird, sich wieder zu trennen, ohne das Gefühl zu haben, etwas zu verpassen. Denn auch wir haben längst noch nicht alles aufgezählt, was es dort über die Arktis und Antarktis zu entdecken gibt.

Wiebke Böse

Im Deckchair

Ein persönlicher Tipp von Wiebke Böse, Online-Redakteurin des mareverlags

Colum McCann:
„Transatlantik“, *Rowohlt Taschenbuch, Hamburg, 2015, 381 Seiten, 12 Euro*

Es ist schon ein paar Jahre her, dass ich dieses Buch beinahe ohne Pause gelesen habe. Ich war gefesselt von dem hochgradig spannend erzählten Nonstop-Flug von Jack Alcock und Arthur Brown über den Atlantik 1919, erstaunt über die Reise des amerikanischen Abolitionisten Frederick Douglass, der 1845 Irland besuchte, und ich habe viel gelernt über das Karfreitagsabkommen 1998 und die Arbeit des US-Senators George Mitchell, der maßgeblich daran beteiligt war. McCann hat die realen Geschichten der drei männlichen Protagonisten kunstvoll mit drei fiktiven Lebensläufen von Frauen verwoben. Nicht zu vergessen: ein entscheidender Brief, der seinen Weg beim ersten Überflug nach Irland fand und erst drei Generationen später geöffnet wurde.

Jahresabo

Das Jahresabo kostet im Jahr 60 € und ist nach einem Jahr jederzeit kündbar. Sie dürfen sich aus allen bereits erschienenen Heften 3 gratis aussuchen, die Ihnen gleich zugeschickt werden. Die Übersicht finden Sie auf Seite 122/123. Den Bildband und/oder den Kalender können Sie einfach zum Sonderpreis mitabonnieren.

Der **mare**-Kalender

Die ganze vielfältige Schönheit des Meeres – in 12 magischen Bildern gebannt.
Format: 82 mal 58 Zentimeter.
Im Abonnement zahlen Sie für den Kalender nur 40 € statt 49 €.
Alle Monatsmotive finden Sie online unter www.mare.de/mare-shop/kalender

Geschenkabo

Das Geschenkabo kostet 60 € im Jahr. Mit der in diesem Heft beiliegenden Geschenkabo-Karte können Sie mare-Hefte und den Bildband und/oder Kalender auch praktisch verschenken. Ein Dankeschön in Form eines mare-Handtuchs wählen Sie auch gleich auf der Karte.

Der **mare**-Bildband „Spitzbergen“

von Paolo Verzone.
Mit einem Essay von Martina Wimmer.
Format: 30 mal 26 Zentimeter, 132 Seiten.
Im Abonnement zahlen Sie für den Bildband nur 49 € statt 58 €.

Film ab!

Die herkömmliche Inspektion von Frachtern oder Windrädern kostet quälend viel Zeit. Nun soll der Schiffs- und Offshore-TÜV beschleunigt werden – mithilfe von Drohnen. Funktioniert das in der Praxis?

Von Tim Schröder

Es brummt laut und bedrohlich, als flöge ein Hornissenschwarm durch den schwarzen Schiffsbauch. Doch Leszek Alba ist ganz entspannt. Er hat den Kopf in den Nacken gelegt und schaut nach oben. Eine rot-grün blinkende Drohne fliegt durch den haushohen Stahltank. Mit einem kleinen Scheinwerfer leuchtet sie ihre Flugbahn aus. Sachte bewegt Alba den Joystick seiner Fernbedienung, die an einem Gurt vor seinem Bauch hängt. Und ebenso sachte nähert sich die Drohne der Wand. Zwei kleine Arme ragen aus ihr heraus.

Normalerweise meiden Drohnenpiloten Boden- und Seitenkontakt um jeden Preis. Alba aber lenkt die Drohne immer näher zur Wand, Zentimeter für Zentimeter. Er kneift die Augen zusammen, um die Bewegungen des Fluggeräts im Halbdunkel zu erkennen. Dann endlich, touché, die Arme berühren den Stahl. Brummend verharrt die Drohne an ihrem Platz. „Jetzt können wir messen", sagt Alba zu seinem Kollegen Robert Ziolkowski, der neben ihm vor einem Koffer mit einem Notebook hockt. Auf dem Bildschirm läuft der Livestream der Drohnenkamera. Auch ein paar Zahlen sind zu sehen. Ziolkowski prüft die Werte: „11,5 Millimeter Dicke, das sieht gut aus."

Alba und Ziolkowski arbeiten als Drohnenpiloten und Sachverständige in der Drohnenabteilung der Klassifikationsgesellschaft DNV, einer Art Schiffs-TÜV, in Danzig. Alba hat dort sein Hobby, das Drohnenfliegen, zum Beruf gemacht. Für gewöhnlich lässt er seine Drohnen über Land aufsteigen. DNV aber hat die Drohnen aufs Meer geholt – für Inspektionen von Frachtschiffen, Tankern oder auch Ölplattformen, die alle paar Jahre fällig sind. Dafür werden erfahrene Drohnenpiloten gebraucht. „Wir sind 2015 in die Inspektion per Drohne eingestiegen", sagt Tomasz Oledzki, Chef des Danziger Drohnenteams. „Reeder hatten uns gefragt, ob wir die Inspektion beschleunigen können, um die Liegezeiten zu verkürzen. So kamen wir auf die Idee, es mit Drohnen zu versuchen."

Die herkömmliche Inspektion eines Massengutfrachters oder Tankers kostet enorm viel Zeit. Techniker suchen den Stahl und die Verstrebungen der Tanks und Laderäume Meter für Meter nach Rissen, Rost und Schäden in der Beschichtung ab. Auch tasten sie Stahlwände mit Prüfsensoren ab, um deren Dicke zu messen. Denn ständig nagt die Korrosion am Metall. Der Stahl wird mit der Zeit dünner. Besonders kritisch sind die Stellen ganz oben in den Tanks, in 15 oder gar 20 Meter Höhe, im Bereich der maximalen Füllhöhe, weil die Wände dort zugleich der Luft und der Flüssigkeit ausgesetzt sind. Hier können Stahl und Beschichtung besonders schnell korrodieren. Im schlimmsten Fall schlägt der Tank leck.

Drohnen brauchen für die Kontrolle ein Achtel der Zeit

Bislang gibt es drei aufwendige Methoden, um einen Laderaum zu inspizieren: Bei großen Tankern flutet man die Tanks mit Wasser, damit sich die Sachverständigen Meter um Meter auf einem Floß an der Wand entlangarbeiten können. In anderen Fällen bauen die Prüfer Baugerüste auf, an denen sie nach oben klettern. Und drittens gibt es noch die Möglichkeit, Industriekletterer hinaufzuschicken. „In jedem Fall liegt ein Schiff dann für viele Tage außer Dienst im Hafen", sagt Oledzki.

Als Oledzkis Team mit den ersten Drohnentests begann, war offen, ob Inspektionen per Fernbedienung überhaupt funktionieren. Im Inneren der Schiffe ist es stockdunkel. Es gibt Verstrebungen, Ecken und Kanten, mit denen eine Drohne kollidieren könnte. Außerdem war unklar, ob die Auflösung der Drohnenkamera ausreichen würde, um auch feine Haarrisse zu erkennen.

„Bei den ersten Tests haben wir fünf Drohnen gecrasht", erzählt Oledzki. „Wir haben die Drohnen dann mit kleinen Sicherheitsbügeln und zusätzlicher Beleuchtung ausgestattet – und am Ende hat es geklappt. Unsere Piloten navigieren inzwischen sicher durch das Schiffsinnere, und im Kamerabild können wir Schäden bestens erkennen." Seit einiger Zeit messen die Drohnen sogar die Dicke des Stahls. Oledzki hat die Arme, die die Messköpfe halten, mit einem 3-D-Drucker für die Drohne maßgefertigt. „Wir können einen Tank jetzt innerhalb weniger Stunden vermessen und prüfen."

Allerdings war eine Inspektion per Drohne in den alten Reglements für Schiffsinspektionen gar nicht vorgesehen. Doch als weltweit operierende Klassifikationsgesellschaft bestimmt DNV die Regeln mit und hat sie angepasst. Jetzt sind Inspektionen mit Drohnen möglich. Im Grunde können auch Privatfirmen Drohnenflüge anbieten. „Aber es reicht nicht, einfach nur Filmaufnahmen zu machen", sagt Oledzki. „Man braucht auch Erfahrung, um Schäden zu erkennen. Unsere Piloten bringen beides mit. Sie können Drohnen steuern und haben als Sachverständige Schiffs-Know-how." Öltanker, Mehrzweckschiffe und Massengutfrachter inspiziert DNV inzwischen regelmäßig per Drohne.

Auch bei Offshoreeinsätzen ist das Danziger Team vertreten – etwa auf der „Safe Scandinavia", einer Versorgungsplattform für Bohrinseln, mit Platz für über 300 Arbeiter. Die Plattform wird mit

Aero-SensorCopter, eine Hubschrauberdrohne, im Offshoreeinsatz in der Nordee. Nicht immer ist das Wetter so günstig

schweren Stahlseilen verankert. Mit der Drohne untersuchte das Drohnenteam vor einiger Zeit die baumdicken Halterungen der Stahlseile. Noch steuern die Piloten die Fluggeräte per Hand. In Zukunft soll ein Autopilot zum Einsatz kommen.

Der Einsatz von Drohnen beschränkt sich nicht nur auf Schiffe und Plattformen. Mittlerweile sind die Fluggeräte auch für die Inspektion von Windrädern auf dem Meer unterwegs. Sie helfen, aufwendige Kletterpartien einzusparen. Um zu kontrollieren, ob Blitze in die Windradflügel eingeschlagen haben, ob der Lack abgeplatzt ist oder die Oberfläche Löcher hat, seilen sich Industriekletterer in 100 Meter Höhe an den Rotoren ab. Ein solcher Einsatz dauert mehrere Stunden – Stunden, in denen das Windrad stillsteht und keinen Strom erzeugt.

Drohnen brauchen für die Inspektion eines Windrads nur etwa ein Achtel der Zeit. Eine aktuelle Studie der Frankfurter Wirtschaftsberatung Future Energy Consulting Company zeigt, dass die Drohneninspektion daher immer beliebter wird. „Die wichtigsten Gründe, auf Drohnen umzusteigen, sind für die Windparkbetreiber die Sicherheit der Mitarbeiter und die geringeren Kosten, die sich aus der Zeitersparnis ergeben“, sagt Geschäftsführer Andreas Preuß. „Viele der von uns befragten Unternehmen setzen Drohnen bereits offshore ein.“

Offshoredrohnen sind im Kommen, zweifellos. „Dabei waren wir 2015, als wir unsere Drohne zum ersten Mal auf der Messe Husum Wind vorstellten, noch Exoten“, erzählt Robert Hörmann, Geschäftsführer der Firma Aero Enterprise, die sich auf die Inspektion von Windanlagen per Drohne spezialisiert hat. Sie gilt im deutschsprachigen Raum als Marktführer, obgleich größere Firmen aus China oder den USA wie Clobotics oder SkySpecs in den europäischen Markt drängen. „Wir sind schon ein wenig stolz darauf, dass man uns als österreichisches Unternehmen aus Linz in Norddeutschland so schätzt“, sagt Hörmann. Zusammen mit seinem Geschäftspartner Peter Kurt Fromme-Knoch hat er in den vergangenen Jahren nicht nur eine eigene Drohne in Form eines kleinen Hubschraubers, sondern auch Softwarepakete entwickelt, um die Inspektion zu automatisieren.

Die Analyse der Bilder übernimmt der Computer

Hörmann war früher Hubschrauberpilot bei der Luftwaffe in Bayern und weiß, dass Hubschrauber herkömmlichen Drohnen im Offshoreeinsatz in Sachen Aerodynamik überlegen sind. Bei Drohnen handelt es sich in der Regel um Multicopter mit mehreren Propellern. Herrscht zum Beispiel Seitenwind, muss sich ein solcher Multicopter schräg zum Wind stellen und die Drehzahl der Rotoren erhöhen, um voranzukommen. Das kostet Strom.

Den aerodynamischen Rotorblättern eines Hubschraubers hingegen verleiht Seitenwind sogar zusätzlichen Auftrieb. „Kurz gesagt, arbeitet die von uns entwickelte Hubschrauberdrohne einfach besonders effizient“, sagt Hörmann. Er schickt sie sogar noch bei Windstärke sechs hinauf zu den Rotoren, wenn auf den Wellen schon Schaumkronen tanzen. Industriekletterer dürfen dann längst nicht mehr hoch.

Meist fahren die Techniker aus Österreich mit jenen kleinen Schiffen hinaus,

Der vollautomatische Inspektionsflug wird vom Piloten (stehend) und vom Operator laufend überwacht

die normalerweise von den Windparkunternehmen für die Überfahrt zum Arbeitsplatz genutzt werden. An Deck bauen sie dann den Rechner auf, der die Drohne steuert und die Kamerabilder speichert. Bevor die Drohne startet, rufen sie beim Betreiber an, damit der das Windrad stoppt und den Rotor in die optimale Position dreht. Anders als bei DNV steuert der Pilot die Drohne nur bei Start und Landung. In 50 Meter Höhe übernimmt der Computer. Er lenkt die Drohne einmal um das Windrad, definiert im Computerbild die Rotorblätter eins, zwei und drei; dann beginnt der eigentliche Inspektionsflug. Nach einem festen Schema steigt der Hubschrauber an den Rotoren empor, umrundet sie und filmt sie dabei komplett ab.

Auch die Analyse der Bilder übernimmt größtenteils der Computer. „Wir setzen selbstlernende Algorithmen ein, die typische Schäden an den Windrädern erkennen", erklärt Hörmann. „Knapp 90 Prozent aller Schäden kann die Software inzwischen richtig zuordnen, und mit jedem Einsatz wird sie klüger." Die automatische Windradinspektion habe einen weiteren Vorteil: Alle Schäden würden mitsamt ihrer genauen Position von Anfang an digital gespeichert. „Damit kann man später sehr gut nachvollziehen, wie sich Schäden mit der Zeit entwickeln, und ganze Schadensreihen aufbauen."

Im EU-Projekt „A2Miro" entwickelt Hörmann seine Drohne derzeit weiter.

Ziel ist der Einsatz auch ausserhalb der Sichtweite

Denn noch stößt die Technik an ihre Grenzen. Drohnen lässt man bisher nur so weit fliegen, wie man sie sehen kann – bis zur sogenannten Line-of-sight, LOS. Hörmann will darüber hinausgehen; Ziel sei der Einsatz außerhalb der Sichtweite, also Beyond-Visual-Line-of-Sight, BVLOS. Dafür muss sich eine Drohne aber komplett allein orientieren können.

Das ist doppelt schwierig, weil sie in Sekundenschnelle eine Landkarte der Umgebung anfertigen und darin zugleich die eigene Position bestimmen muss. Menschen orientieren sich leicht an Bäumen, Häusern oder anderen Strukturen und erkennen intuitiv ihre eigene Position. Für Roboter aber ist diese simultane Positionsbestimmung und Kartierung, die man im Englischen als SLAM, Simultaneous Localization and Mapping, bezeichnet, eine mathematische Herausforderung. In zwei Jahren soll die neue Drohne mit SLAM-Technik fertig sein.

Für Wirtschaftsberater Preuß wäre das die Lösung schlechthin. „Man könnte vollständig autonome Drohnen durch die Windparks fliegen lassen, ohne dass überhaupt noch jemand hinausfahren müsste", sagt er. Nach einem Sturm oder Gewitter sei es derzeit schwierig, zeitnah die Windanlagen auf Schäden zu untersuchen. Bei rauer See fahre kaum jemand mit dem Schiff hinaus. Und zwischen November und Februar gebe es wegen der vielen Stürme ohnehin nur selten Offshoreeinsätze. Preuß: „Die Wachhunddrohnen aber könnten von ihren Parkstationen auf den Windrädern ausschwärmen, sobald der Wind nachlässt."

Wie schwer es sein kann, eine Drohne zu steuern, erfuhr der Oldenburger Wissenschaftsjournalist Tim Schröder, Jahrgang 1970, zum ersten Mal, als eine Windböe die Spielzeugdrohne seines Sohns aufs Dach wehte. Es gab viele Tränen.

Eine Karte verändert die Welt

Sie ist die Geburtsurkunde eines ganzen Kontinents. Die 1507 erschienene Weltkarte des deutschen Kartografen Martin Waldseemüller bezeichnete die Landmasse zwischen Pazifik und Atlantik erstmals als „Amerika". Das letzte Exemplar galt fast 400 Jahre als verschollen *Von Katrin Blawat*

FAST 400 JAHRE LANG GALT „Amerika" als verschollen. Intensiv hatten Kartografen danach gesucht, einige die Hoffnung schon aufgegeben, andere allmählich daran gezweifelt, dass es sie tatsächlich jemals gegeben hatte: eine Weltkarte, auf der erstmals der Name „Amerika" für den Kontinent zwischen Pazifik und Atlantik verwendet wird. Und als diese ebenso berühmte wie viel gesuchte Karte schließlich im Juli 1901 auf dem Dachboden eines Schlosses in Süddeutschland wieder auftauchte, war dies vor allem dem Zufall zu verdanken.

Eigentlich hatte Josef Fischer, ein Jesuitenpater aus dem österreichischen Feldkirch, eine ganz andere Karte im Sinn, als er nach Oberschwaben ins Schloss Wolfegg reiste. Der vielseitig gelehrte Geistliche suchte in der umfangreichen Bibliothek des Fürsten nach einer bestimmten Grönlandkarte, von der er sich Aufschluss über die Reisen nordischer Seefahrer erhoffte. Die Nordlandkarte war schnell gefunden, doch Fischer stöberte weiter. Dabei stieß er in einem schlichten Raum unter dem Dach auf einen Holzdruck, gebunden in Birkenholz und Schweinshaut, der sein Interesse erregte. Es handelte sich um eine Weltkarte, aufgeteilt in zwölf Rechtecke, zusammen etwa 1,30 mal 2,40 Meter groß.

Oben **Der Jesuitenpater Josef Fischer entdeckte die Waldseemüllerkarte im Juli 1901 auf dem Dachboden eines Schlosses in Süddeutschland**

Vorherige Doppelseite **Mittlerweile ist die Waldseemüllerkarte öffentlich ausgestellt – in der Bibliothek des US-Kongresses in Washington**

Konnte er das wirklich sein, der „heilige Gral der Kartografie", wie der Autor Toby Lester in seinem Buch „Der vierte Kontinent" diese spezielle Karte nennt? Sie war es. Der Holzdruck stammte aus dem Jahr 1507, in Frankreich angefertigt mit einem dazugehörenden Buch und einem Globus von dem deutschen Kartografen Martin Waldseemüller und seinem elsässischen Kollegen Matthias Ringmann. „Die vollständige Kosmografie nach der Überlieferung des Ptolemäus sowie nach dem Augenschein Amerigo Vespuccis und anderer" nannten die beiden Gelehrten ihr Werk. Bekannt wurde die Darstellung jedoch einfach als Waldseemüllerkarte – und als „Geburtsurkunde Amerikas".

Das mag pathetisch klingen, doch markiert diese Karte tatsächlich den Beginn einer neuen Vorstellung von der Welt. Sie ist das erste Artefakt, auf dem sich die Bezeichnung „Amerika" für jenen Erdteil findet, den Christoph Kolumbus 15 Jahre vor Entstehung der Karte irrtümlich für Indien gehalten hatte. Waldseemüller und Ringmann stellten die Neue Welt erstmals als eigenen Kontinent dar, losgelöst von Asien und rundum von Wasser umgeben.

Nie zuvor hatte es eine Weltkarte gegeben, die neben Europa, Afrika und Asien einen vierten Erdteil zeigte. Dass die beiden Kartografen für diesen die Bezeichnung „Amerika" wählten, ging auf den Seefahrer Amerigo Vespucci zurück. Dieser hatte aufgrund eigener Reisen kurz vor dem Druck der Waldseemüllerkarte als Erster die Ansicht vertreten, bei dem zuvor von Kolumbus entdeckten Land müsse es sich um einen eigenen Erdteil handeln – damals eine geradezu revolutionär erscheinende Behauptung.

Waldseemüller und Ringmann wussten vermutlich zwar um die Entdeckungsleistung Kolumbus', wollten jedoch vor allem Vespuccis Schlussfolgerungen hervorheben. Getreu der Tradition, Kontinente weiblich zu benennen, änderten sie Vespuccis Vornamen leicht ab. Federführend bei diesem Entschluss dürfte Ringmann gewesen sein, auch wenn dessen Name heute im Zusammenhang mit der Karte weit weniger oft fällt als der seines deutschen Kollegen.

Um die 1000 Exemplare sollen Waldseemüller und Ringmann von ihrer neuartigen Karte haben drucken lassen. Für die damalige Zeit entsprach das einer sensationell hohen Auflage, zumal die Karte ungewöhnlich groß ausfiel. Zudem ließen die beiden Kartografen weitere Versionen als eine Art Bastelset anfertigen, das sich zu einem Globus zusammenfügen ließ.

Übrig geblieben ist von der großzügigen Auflage der eigentlichen, rechteckigen Karte jedoch nur ein einziges Exemplar – und selbst dessen Spur hatte sich schnell verloren. Um 1515 herum gelangte die Karte in die Hände des Nürnberger Geografen Johannes Schöner. Nicht zuletzt den von ihm angefertigten Karten, in denen er die Bezeichnung „Amerika" übernommen hatte und die wiederum späteren Gelehrten als Vorlage dienten, ist es zu verdanken, dass sich der Name des Kontinents durchsetzte. Waldseemüller selbst dagegen machte später einen Rückzieher und beschriftete die Landmasse zwischen Atlantik und Pazifik nur mehr mit „Terra Incognita“, „unbekannte Welt“.

Die Spur der 1507 erstellten Karte verlor sich nach Schöners Tod Mitte des 16. Jahrhunderts. Bis heute ist unklar, wo und in wessen Besitz sie sich in den folgenden Jahrzehnten befunden hat. „Irgendwann in der Mitte des 17. Jahrhunderts kaufte sie der Truchsess Maximilian Willibald von Waldburg-Wolfegg“, sagt der Kunsthistoriker Bernd Mayer. Er leitet die Kunstsammlungen des fürstlichen Hauses Waldburg-Wolfegg und beschreibt den Truchsess, der das Druckgrafikkabinett in Waldburg-Wolfegg etablierte, als „außerordentlich gebildet, weit gereist und bibliophil“. Welche Schätze sich im Einzelnen in der Sammlung mit ihren 20000 Werken verbargen, geriet jedoch im Lauf der Generationen in Vergessenheit. „Niemand wusste, dass sich die Waldseemüllerkarte dort befand“, sagt Mayer. So galt die „kleine geografische Abhandlung, die die Welt für alle Zeit geprägt hat“, wie es das britische „Geographical Journal“ formulierte, fast 400 Jahre lang als verschollen.

Dabei hatte es nie an Versuchen gemangelt, sie aufzuspüren. „Nach keiner anderen verschollenen Karte wurde so fleißig gesucht wie nach der von Waldseemüller“, schrieb Basil H. Soulsby vom British Museum im „Geographical Journal“ 1902, also kurz nach der überraschenden Wiederentdeckung. „Manche Historiker und Geografen sind sogar so weit gegangen, zu behaupten, dass sie überhaupt nicht angefertigt wurde.“ Andere hätten sie endgültig für verloren gehalten. „Aber wohl niemand“, so schreibt Soulsby, „war vorbereitet auf das kartografische Monster, das Pater Fischer nun aufgeweckt hat aus seinem so viele Jahrhunderte währenden friedlichen Schlummer in einem deutschen Schloss.“

Die Nachricht von dem Sensationsfund verbreitete sich rasch, zumal Fischer zwei Jahre nach seiner Entdeckung ein Faksimile anfertigen ließ. Noch heute ist diese Nachbildung auf Schloss Waldburg-Wolfegg zu besichtigen.

Das Originalwerk dagegen sollte die fürstliche Bibliothek verlassen. „Im 20. Jahrhundert wollten verschiedene Institutionen und Händler die Karte kaufen“, sagt Kunsthistoriker Mayer. „Aber immer kam etwas dazwischen.“ Zwei Weltkriege, politische Wirren und die Rezession verhinderten den Verkauf.

Zu denen, die beharrlich Interesse am Kauf der Karte zeigten, gehörte seit den 1980er-Jahren auch die Bibliothek des US-Kongresses in Washington. Sie konnte bislang nur ein Faksimile des berühmten Werks bieten. Doch einfach so verkaufen durfte das Haus Waldburg-Wolfegg die Karte nicht; sie stand inzwischen auf der Liste der schützenswerten deutschen Kulturgüter. Damit hatten auch die Bundesregierung und das Land Baden-Württemberg ein Mitspracherecht.

In den 1990er-Jahren schließlich zeichnete sich der Verkauf in die USA ab, sehr zum Ärger einiger Kritiker. Sie monierten die Herausgabe eines solchen „deutschen Kulturguts“. Andere, darunter Mayer, halten diese Zuschreibung dagegen für problematisch. „Schließlich ist die Karte in Frankreich entstanden“, sagt der Kunsthistoriker, also sei sie vielmehr ein internationales Werk.

Aufhalten konnten die Bedenken den Umzug der Karte nach Washington dann auch nicht. Kurz nach der Jahrtausendwende war der Verkauf abgemacht. Zehn Millionen Dollar musste die Bibliothek im US-Kongress mithilfe privater Spenden auftreiben. Es war der höchste Preis, der je für ein kartografisches Werk bezahlt wurde. 2007 schließlich, genau 500 Jahre nach ihrer Entstehung, übergab Bundeskanzlerin Angela Merkel die Waldseemüllerkarte, nun im Rang eines Unesco-Weltkulturguts, an die Kongressbibliothek.

Nach Jahrhunderten in der Verborgenheit ist sie nun für jeden Besucher zugänglich, die Geburtsurkunde Amerikas.

Katrin Blawat, Jahrgang 1982, Journalistin in München, hat Respekt vor der Arbeit von Kartografen. Einmal reiste sie – bevor es Google Maps gab – ohne vernünftige Amerikakarte in die USA. Zwei Tage lang irrte sie durch Oregon und fand die Pazifikküste nicht.

Max-Planck-Institut für Marine Mikrobiologie, Bremen

Meeresbergbau vernichtet Artenvielfalt

Manganknollen sind kartoffelgroße Mineralienklumpen, die große Mengen an Metallen enthalten. Zu Millionen bedecken sie den Boden des Pazifiks. Seit Jahrzehnten gibt es Überlegungen, dieses gigantische Rohstofflager abzuernten. Tanja Stratmann, Tiefseeökologin am Max-Planck-Institut für Marine Mikrobiologie in Bremen, warnt nun im Fachblatt „Scientific Reports" vor dem Verlust eines wichtigen Lebensraums. „Mit unserer Methode konnten wir jetzt erstmals genau quantifizieren, wie stark sich der Meeresbergbau auswirken würde", sagt Stratmann. Sie errechnete mithilfe eines Computermodells, dass die Artenvielfalt am Meeresboden des Pazifiks um 20 Prozent abnehmen würde, erntete man die Knollen großflächig ab. Im öden und schlammigen Tiefseeboden seien sie wichtige Inseln des Lebens. Auf ihnen siedeln etwa Glasschwämme, die sich mit einem langen Stiel an den Knollen festhalten. Ohne solche Knollen gäbe es die Schwämme nicht mehr, wodurch wiederum Organismen wie Schlangensterne oder Flohkrebse ihren Lebensraum verlören. Einzigartig an ihrer Modellrechnung sei, so Stratmann, dass sie zwei Aspekte kombiniert habe: erstens, welche Tierart anderen als Habitat dient, und zweitens, wer wen frisst. Grundlage der Analyse waren mehrere tausend Fotos vom Meeresboden, die auf früheren Expeditionen gemacht worden waren, sowie Auswertungen zahlreicher Fachartikel.

Geomar Helmholtz-Zentrum für Ozeanforschung, Kiel

Impfung gegen Korallenbleiche

Probiotische Lebensmittel enthalten lebende Bakterienkulturen und gelten als besonders gesund. Ein Team des Forschungszentrums Geomar in Kiel hat jetzt herausgefunden, dass probiotische Bakterien auch Korallen guttun. Viele Korallen geraten heutzutage vermehrt unter Hitzestress, weil die Wassertemperaturen in den Tropen aufgrund der Klimaerwärmung gestiegen sind. Dieser Stress zeigt sich durch ein Ausbleichen der Korallen. Hält der Stress an, sterben die Korallen ab. Die Forscher um Geomar-Meeresbiologin Anna Roik hatten hitzetoleranten Korallen Gewebe mitsamt den darin enthaltenen Mikroben entnommen und damit nahe verwandte Arten, die die Hitze schlechter vertragen, geimpft. Die Impfung zeigte Wirkung: Die Empfängerkorallen blichen weniger stark aus, nachdem man sie einer Temperatur von 34 Grad ausgesetzt hatte. Zumindest kurzzeitig konnten die behandelten Korallen dem Hitzestress widerstehen. Die Forscher schreiben im Fachmagazin „Microbiome", dass die geimpften Korallen möglicherweise weitere bakterielle Symbionten aufnehmen, die sie zusätzlich widerstandsfähiger gegen Hitze machen. „Wir benötigen aber noch weitere experimentelle Studien, um den genauen Wirkmechanismus aufschlüsseln zu können", sagt Roik. Auch sei unklar, wie dauerhaft der Effekt ist.

Leibniz-Institut für Troposphärenforschung, Leipzig

Den Hurrikans auf der Spur

Meteorologen können zwar die Flugbahnen von Hurrikans vorausberechnen. Welche Wetterbedingungen im tropischen Atlantik zur Entstehung der Wirbelstürme führen, ist aber unklar, weil es nur wenige Messungen aus der Mitte des Atlantiks gibt. Das soll sich nun ändern. Der Esa-Wettersatellit „Aeolus", seit 2018 im All, ist erstmals in der Lage, mit Laserstrahlen die Windbewegung in der Atmosphäre zu vermessen. Die Laserdaten müssen allerdings mit realen Windmessungen validiert und kalibriert werden. Zu diesem Zweck hat im September ein internationales Meteorologenteam aus Deutschland, Frankreich, Slowenien und den USA eine große Messkampagne durchgeführt. Während die Europäer die Atmosphäre um die Kapverdischen Inseln vermaßen, flogen Nasa-Kollegen mit Messflugzeugen von der Karibik bis zu den Kapverden. „Uns interessieren nicht nur die Windgeschwindigkeiten, sondern auch Aerosole wie der Saharastaub, weil diese die Bildung von Wolken, die Temperatur in der Atmosphäre und damit auch der Hurrikans beeinflussen", sagt Holger Baars vom Leibniz-Institut für Troposphärenforschung in Leipzig, das die Messkampagne mitkoordiniert. Als Experimentalsatellit wird „Aeolus" bereits 2022 wieder außer Dienst gestellt. Für das Design seines Nachfolgers spielen die neuen Daten eine wichtige Rolle.

Universität Århus, Dänemark

Ölplattformen locken Schweinswale an

Dänische Forscher haben nachgewiesen, dass Ölplattformen in der Nordsee trotz des Lärms Schweinswale anlocken. Die Tragstrukturen der Plattformen wirkten wie Riffe und seien mit Algen, Muscheln oder Schwämmen bewachsen, berichten die Forscher um Jonas Teilmann von der Universität Århus. Hinzu komme, dass die Fischerei in einem Radius von 500 Metern um die Plattformen verboten sei. Damit bleibe das Leben am Meeresboden ungestört. Schweinswale jagen wie Fledermäuse mit Suchlauten nach Beute. Diese Laute nahmen die Forscher über zwei Jahre mit Unterwassermikrofonen auf, in unmittelbarer Nähe zur Ölplattform „Dan-F" und in mehreren Kilometern Abstand. Überraschenderweise jagten die Wale direkt um „Dan-F" am eifrigsten. Besonders intensiv war die Jagd zwischen Juli und Januar, wenn sich die Tiere Fettreserven anfressen. Teilmann regt nun an, ausgediente Bohrinseln künftig als künstliche Riffe stehen zu lassen. Bislang müssen diese abgebaut werden.

Sei schneller als ein Tsunami.
Rette Leben mit Deiner Spende.

mareRadio

Jeden ersten Sonntag im Monat auf Bremen Zwei

CHAOS

Sonntag, 10. Oktober, 12.05 Uhr, Bremen Zwei (Wiederholung: 16. Oktober, 18.05 Uhr)

Die gewaltigen Wassermassen der Ozeane sind ständig in Bewegung: Wind und Wetter sorgen für Strömungen, Strudel, Turbulenzen. Milliarden Kleinstlebewesen wuseln darin durcheinander. Das kann doch nur ein Chaos sein! Oder entpuppt sich dieses Chaos am Ende als eine Ordnung, die wir noch nicht verstanden haben? Doch egal ob früher bei Seeschlachten und Meutereien auf Schiffen oder heute durch maritime Umweltkatastrophen: Für das größte Chaos im und auf dem Meer sorgt zuverlässig der Mensch selbst. mareRadio geht diesen und anderen Fragen nach. Am Mikrofon: Stefanie Pesch. Redaktion: Eva Garthe und Nikolas Golsch.

JAGD

Sonntag, 7. November, 12.05 Uhr, Bremen Zwei (Wiederholung: 13. November, 18.05 Uhr)

Im Meer wimmelt es von Jägern und Gejagten – und einige sind sogar beides zugleich. mareRadio folgt den Pinguinen auf ihren Beutezügen durch antarktische Gewässer und zeigt auf, wie Frontex und die libysche Küstenwache Jagd auf Flüchtlinge im Mittelmeer machen. Außerdem geht es um den Walfang und dessen Folgen – denn mittlerweile steht fest, dass Wale als „Bäume der Meere“ auch einen Beitrag im Kampf gegen den Klimawandel leisten.

Termine

Liebe Leserinnen,
liebe Leser,

zum Redaktionsschluss dieser Ausgabe waren alle genannten Veranstaltungen als weitgehend uneingeschränkt angekündigt. Dennoch ist nicht abzusehen, inwieweit dies wegen der sich ausbreitenden Delta-Variante des Coronavirus aufrechtzuerhalten ist. Wir bitten Sie daher, sich auf den Websites der Veranstalter rechtzeitig über eventuelle Änderungen zu informieren.

Die Red.

AHRENSHOOP
Karl Hagemeister – „...das Licht, das ewig wechselt“
Gezeigt werden Küstenlandschaften und Seestücke von Karl Hagemeister (1848–1933), die vornehmlich in Lohme auf Rügen entstanden sind. Bis 10.10., Di–So 11–18 Uhr, Kunstmuseum. www.kunstmuseum-ahrenshoop.de

ALKERSUM/FÖHR
Von Max Liebermann bis Jochen Hein
Ausstellung mit Malerei und Grafik unter dem Generalthema „Meer und Küste“ aus Norwegen, Dänemark, Deutschland und den Niederlanden, entstanden zwischen 1830 und 1930. Bis 13.2.2022, Di–So 10–17, ab 2.11. Di–So 11–16 Uhr, Museum Kunst der Westküste. www.mkdw.de

BASEL (CHE)
Die Erde am Limit
Die Ausstellung verhandelt die Rolle der Menschen in der Natur und fragt, wie es um unseren Planeten steht bei Meeresschutz, Temperaturerhöhung, Wassermangel, Schadstoffen und Luftverschmutzung. Bis 3.7.2022, Di–So 10–17 Uhr, Naturhistorisches Museum. www.erdeamlimit.ch

BERGEN (NOR)
The Ocean
Internationale Ausstellung mit 27 Künstlern, Forschungsprojekten und einem umfangreichen Programm, das sich mit der Beziehung zwischen Bergen und dem Meer beschäftigt. Bis 31.10., Di–So 11–17, Do 11–20 Uhr, Kunsthall. www.kunsthall.no

BREMEN
Hans Brockmöller – Fotografie 1945–1974
Hans Brockmöller dokumentierte fast drei Jahrzehnte die Arbeit, die Menschen und die Infrastruktur in den Bremer Häfen. Hafenmuseum, bis 17.10., Do–So 11–18 Uhr, Kulturhaus Walle, bis 1.10., Mo–Fr 14–18 Uhr. www.hafenmuseum-speicherelf.de

DORNUMERSIEL
Herbst- und Lichterfest
Farb- und Lichtspiele und Fackeln sorgen für glanzvolle, mystische Akzente in der Dunkelheit. Dazu gibt es Musik im Kurpark, eine kulinarische Meile und den traditionellen Laternenumzug. 20.10., ab 18.30 Uhr, Seepark-West. www.dornum.de

FÖHR
Föhrer Lichterwoche
Die Lichtkünstler Kystlys setzen mit Lichtprojektionen an sieben Tagen sieben Orte auf der Insel in Szene. Täglich ist ein anderer Ort auf der Insel beleuchtet. Dazu gibt es ein (teilweise kostenpflichtiges) Rahmenprogramm. 4.–10.10., 19–22.30 Uhr. Orte und Termine: www.foehr.de

FRANKFURT AM MAIN
Paula Modersohn-Becker
Keine andere deutsche Künstlerin der Klassischen Moderne hat in der öffentlichen Wahrnehmung einen solch legendären Status erreicht wie die Worpswederin Paula Modersohn-Becker. Die umfassende Retrospektive widmet sich ihrem Gesamt-

Wir freuen uns über Ihre Veranstaltungshinweise:
mare-Termine
Wiebke Böse
Sandthorquaihof, Pickhuben 2
20457 Hamburg
Fax: 040/369 859 99
E-Mail: termine@mare.de
Redaktionsschluss für die nächste Ausgabe: 1. 11. 2021

werk und zeigt, wie sie zentrale Tendenzen der Moderne vorwegnahm. 8.10.2021–6.2.2022, Di, Fr–So 10–19, Mi, Do 10–22 Uhr, Schirn. www.schirn.de

HEILBRONN
Ozeane
Die einzigartige Wanderausstellung des American Museum of Natural History zeigt die Unterwasserwelt und geht Fragen zur Erforschung und dem Schutz nach. Bis 7.11., Mo–Fr 9–17, Sa, So 10–18 Uhr, Experimenta. www.experimenta.science

MORBIHAN/BRETAGNE (FRA)
Etangs d'art
13 Künstler zeigen kontemplative Open-Air-Installationen zum Thema Meer und Wasser, errichtet in fünf Étangs des Départements Morbihan in der Südbretagne. Bis 30.10., täglich rund um die Uhr zugänglich. La Bouëxière, Ploërmel, Plélan-le-Grand, Paimpont, Treffendel. www.etangsdart.fr

ROSENHEIM
Saurier – Giganten der Meere
Ausstellung über die urzeitliche Wasserwelt mit rund 200 Originalfossilien, Skeletten, Abgüssen und 1:1-Modellen von Meeressauriern. Die Originale stammen aus dem Senckenberg-Naturmuseum Frankfurt und anderen renommierten Museen Europas. Lebensrauminszenierungen zeigen dreidimensionale Momente aus einem Land vor unserer Zeit. Bis 12.12., Mo–Fr 9–18, Sa, So 10–18 Uhr, Lokschuppen. www.lokschuppen.de

STOCKHOLM (SWE)
Stockholm Jazz Festival
Das älteste und größte Jazzevent des Nordens, einst auf der Insel Skeppsholm untergebracht, zeigt auf 60 Bühnen der Stadt internationale und nationale Stars der Szene wie Kenny Garrett, Gilberto Gil und Amanda Ginsburg. 15.–24.10., Lineups, Locations, Termine unter www.stockholmjazz.se

HAMBURG
Nolde und der Norden

Emil Nolde, geboren 1867 im nordfriesischen Nolde, zählt zu den bekanntesten und wegen seiner späteren nationalsozialistischen Überzeugungen umstrittensten Künstlern der Klassischen Moderne. Die sehenswerte Schau untersucht erstmals sein Frühwerk im Spiegel der nordischen Kunst. Rund 80 größtenteils in den ersten Jahren des 20. Jahrhunderts entstandene Werke (im Bild „Zwei am Meeresstrand" von 1903) werden Gemälden nordischer Künstlerinnen und Künstler seiner Zeit wie Georg Achen, Anna Ancher, Vilhelm Hammershøi, Carl Holsøe, Peter Ilsted, Viggo Johansen, Peder Severin Krøyer, Julius Paulsen und Lauritz Andersen Ring gegenübergestellt. Deren motivische und stilistische Eigenheiten inspirierten Nolde außerordentlich und führten zu eigenen ungewöhnlichen Kompositionen. Ein wichtiges Sujet der Zeit stellt das Fantastische dar, das Nolde aus literarisch und mündlich überlieferten Sagen des Nordens schöpfte. **16.10.2021 bis 23.1.2022, täglich 11–19, Do 11–21 Uhr, Bucerius Kunstforum. www.buceriuskunstforum.de**

mare TV

Jeden ersten und dritten Donnerstag im Monat im NDR Fernsehen

AM OSLOFJORD
7. Oktober, 20.15 Uhr, NDR Fernsehen

ALBANIENS ADRIA
LAGUNEN ZWISCHEN BERGEN UND MEER
21. Oktober, 20.15 Uhr, NDR Fernsehen
Aus Albaniens Bergen strömen Flüsse ins Meer, die an der Küste riesige Lagunen bilden. In dieser Wasserwelt lebt ein findiger Menschenschlag – wo sonst auf der Welt wird zum Fischen ein ausrangierter Mercedes benutzt? Selbst eine Invasion von Blaukrabben bringt hier niemanden aus der Ruhe: Findige „Businessmen" vermarkten das Schalentier als Delikatesse, schließlich sind die Küstenorte im Sommer voll von hungrigen Urlaubern. Von ihnen lebt auch das Heer fliegender Händler, die quietschbunte Plastikschwimmtiere unters Strandvolk bringen. Und natürlich ist auch der mobile Strandkiosk eine geniale Erfindung: eine Schubkarre mit aufgesetztem Maiskolbengrill.

IRLANDS SÜDEN
4. November, 20.15 Uhr, NDR Fernsehen

DÄNEMARKS NORDSEE-INSELN
18. November, 20.15 Uhr, NDR Fernsehen

Welches Heft fehlt Ihnen noch?

**Alle unten gezeigten mare-Ausgaben sind in unserem Shop erhältlich.
Bestellen Sie einfach und schnell unter www.mare.de oder kontaktieren Sie uns per Telefon +49/(0)8105/388-103 oder per Fax +49/(0)8105/388-210.
Die Hefte No. 1 bis 18 sowie 20, 21, 23, 25, 28, 30, 31, 32, 35, 67, 80, 83, 101 und 111 sind leider vergriffen.**

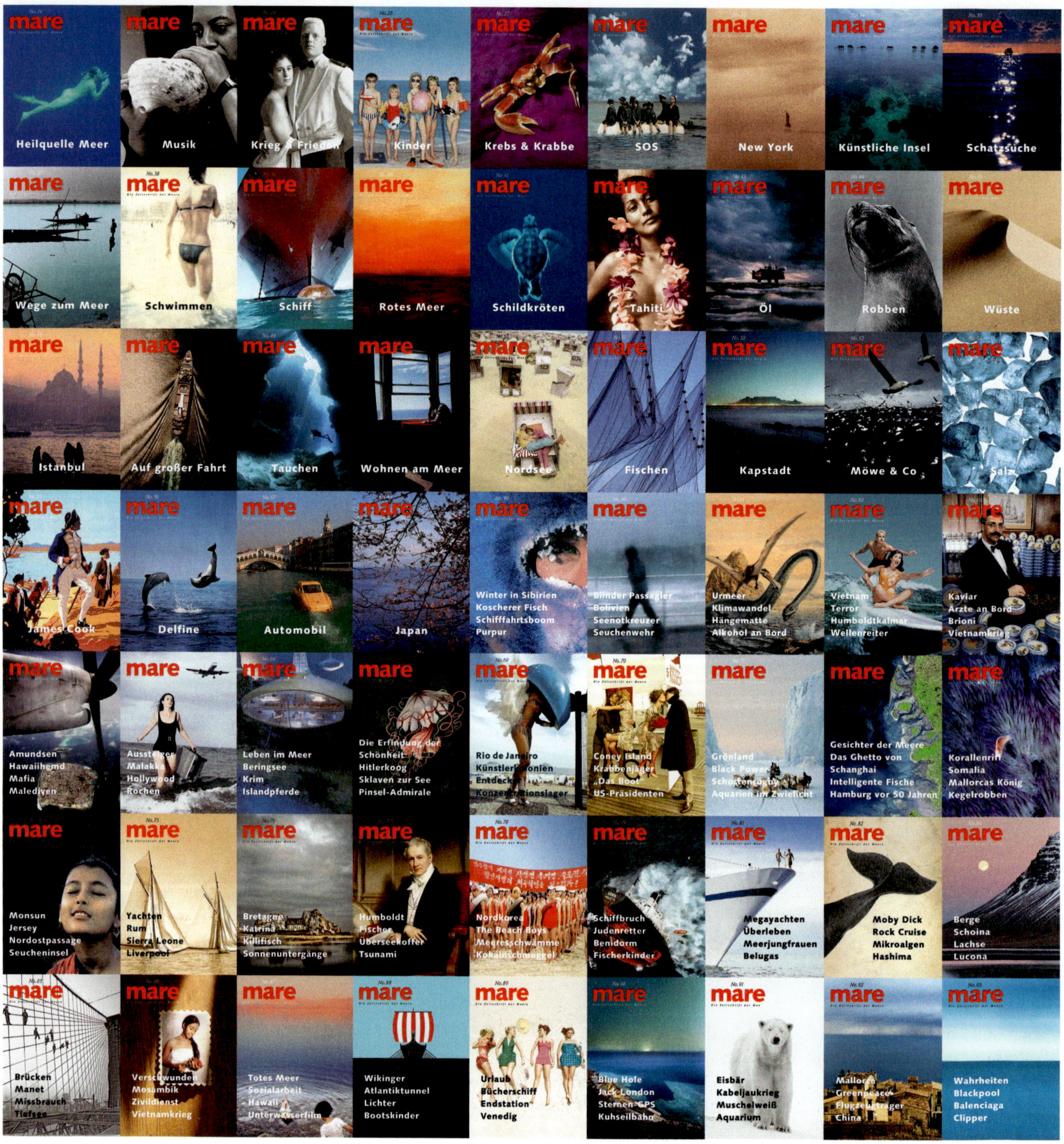

In unserem mareshop unter www.mare.de finden Sie nicht nur sämtliche mare-Hefte, -Bücher, -Kalender und -Bildbände, sondern auch passende Schuber, unsere beliebten Badetücher und viele weitere Produkte. Und wenn Sie vergriffene Hefte suchen oder Platz in Ihrem mare-Regal schaffen wollen, dann schalten Sie doch eine Gratisanzeige in unserem Hafenbasar oder handeln dort mit Ihren gebrauchten Heften.

Zum Beispiel:
mare-Sammelbox 18 €

Alle Preise zuzüglich Versandkosten (in D pauschal 3,50 €, EU 5 €, übrige Länder 7,50 €). Die Versandkosten entfallen, wenn der Bestellwert den Betrag von 25 € überschreitet (gilt nur für D und A). mare-Hefte sind, soweit nicht vergriffen, zum Preis von 7,50 € (ab No. 74: 8,50 €, ab No. 98: 9,50 €, ab No. 131: 12 €) erhältlich.

Großprojekt in Kopenhagen: Im Meer entsteht ein neues Quartier

Stadtplanung

Insel gegen Hochwasser

Im Øresund vor Kopenhagen werden vermutlich noch in diesem Jahr die Bauarbeiten an einer riesigen künstlichen Insel beginnen. Diese soll die dänische Hauptstadt vor Hochwasser schützen und gleichzeitig neuen Wohnraum für 35 000 Menschen bieten. Das erklärte der dänische Transportminister Benny Engelbrecht in einer Mitteilung. Das dänische Parlament hatte im Juni dieses Jahres eigens ein Gesetz verabschiedet, das den Bau zwischen den Halbinseln Nordhavn und Refshaleøen möglich macht. Lynetteholm, so der Name des neuen Quartiers mit eigener Ringstraße, Metroanbindung und Strand, soll laut Projektankündigung über einen Zeitraum von 30 Jahren entstehen. Seit Jahren wird über das Megaprojekt gestritten. Vor allem bei Umweltschützern steht es in der Kritik. Denn für die drei Quadratkilometer große Insel müssen 80 Millionen Tonnen Erde und 28 Millionen Kubikmeter Sand aufgeschüttet werden. Der dänische Rundfunk rechnete aus: Das wären täglich 350 Lastwagen, die zehn Jahre lang durch die Stadt zur Baustelle fahren. Weiterer Kritikpunkt ist die Beschaffung der Baumaterialien. Millionen Tonnen an Sand sollen im Ostseeriff Kriegers Flak abgebaut werden – mit unklaren Folgen für die Meeresumwelt. Befürworter argumentieren, die neue Insel im Øresund sei absolut notwendig. Laut Küstenschutzbehörde gelten viele dänische Kommunen als potenzielle Überschwemmungsgebiete, darunter Kopenhagen. Für das zwischen Nord- und Ostsee gelegene Dänemark ist der Schutz der Küsten mittlerweile eines der wichtigsten Zukunftsthemen. Die Behörde geht fest davon aus, dass das Land vom Klimawandel und dem damit einhergehenden steigenden Meeresspiegel besonders stark betroffen sein wird. *mz*

Biologie

Asteroid löste Algenblüte aus

Vor 66 Millionen Jahren kam es infolge eines Asteroideneinschlags zu einem Massensterben im Meer. Was seinerzeit im Einzelnen in den Ozeanen passierte, war bisher allerdings nicht geklärt. Nun aber haben Forscher herausgefunden, dass eine ausgeprägte Algenblüte zum Massensterben beigetragen hat. Der Einschlag vor 66 Millionen Jahren im Norden der mexikanischen Karibikhalbinsel Yucatán hatte nicht nur das Leben der Dinosaurier ausgelöscht. 75 Prozent aller lebenden Arten – Tiere wie Pflanzen – gingen verloren. Betroffen waren auch die marinen Ökosysteme. Mit einem verbesserten Erdsystemmodell konnte die Physikerin Julia Brugger vom Frankfurter Senckenberg-Biodiversität- und Klima-Forschungszentrum gemeinsam mit Kollegen vom Potsdam-Institut für Klimafolgenforschung die Ereignisse von damals nachvollziehen. „Der Einschlag verursachte eine globale Finsternis und eine ausgeprägte Abkühlung", erklärt Brugger. Prozesse der Ozeanzirkulation änderten sich dramatisch. „Staub und Sulfataerosole, die hoch in die Atmosphäre geschleudert wurden, blockierten einen Großteil des Sonnenlichts. Dies führte zu einer Abkühlung des Oberflächenwassers, wodurch es dichter und schwerer wurde." Diese Wassermassen sanken dann in die Tiefe ab und erzeugten dabei einen gegenläufigen Prozess: Wärmeres Wasser aus tieferen Meeresschichten strömte an die Meeresoberfläche. Tiefenwasser indes verfügt über einen hohen Gehalt an Nährstoffen. Dieser Zustrom führte zu einer explosionsartigen Vermehrung von Algen an der Ozeanoberfläche. Zwar sank in den Simulationen die von den Algen produzierte Biomasse in den drei Jahren nach dem Einschlag wegen des fehlenden Lichts und der Kälte fast auf Null. Als es dann aber wieder heller wurde, nutzten die Algen das Licht, um aus Kohlendioxid und Wasser Biomasse aufzubauen. Dabei nahm das Algenwachstum ein überdimensionales Ausmaß an. „Die Biomasseproduktion erreichte für kurze Zeit einen Höhepunkt mit einem Maximalwert, der etwa um den Faktor sieben höher war

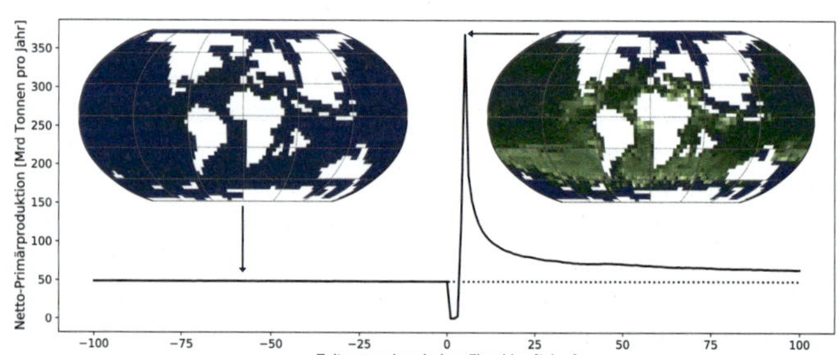

Vor und nach dem Einschlag: je grüner, desto mehr Biomasseproduktion

als vor dem Einschlag", so die Forscherin. Erst nach etwa 500 Jahren kehrte die erhöhte Algenproduktivität auf das Niveau von vor dem Einschlag zurück. *jsc*

Architektur
Turm der 99 Inseln

China will in einer Bucht vor der Millionenmetropole Shenzhen einen filigranen Turm aus Stahl und Kevlar bauen, der aussieht, als schwebe er über dem Wasser. „Turm der 99 Inseln" heißt das Objekt, das vor der Kulisse des aufstrebenden, modernen Viertels Qianhaiwan entstehen soll. Der Entwurf des Architekturbüros Sou Fujimoto Architects hatte sich in einem Ideenwettbewerb um die „New City Center Landmark" durchgesetzt. Die Ansprüche waren hoch: So sollte das Gebäude definieren, was ein Turm im 21. Jahrhundert sein könne, und Aufmerksamkeit erzeugen wie einst der Eiffelturm. Fujimotos Turm wirkt wie eine riesige Skulptur, leicht und fließend: 268 Meter hoch, bestehend aus 99 einzelnen Segmenten, die sich im oberen Teil zu 99 Inseln auf einer Hochebene verbinden – mit Aussichtsplattform, Ausstellungsräumen, Restaurant und Café. Das Gebäude verjüngt sich nach unten hin, aber nicht alle Segmente reichen bis zum Boden – so wirkt es, als würde die Plattform schweben. Dünne, aber extrem stabile Seile aus Kevlar, einer hitzebeständigen und harten synthetischen Faser, stützen die Plattform zusätzlich ab und wirken wie ein Wasserfall. Besucher würden den Turm den Plänen nach über ein Foyer unter Wasser betreten. Der Turm sei eines und vieles gleichzeitig, so die Architekten. „Er symbolisiert damit die Zukunft der Gesellschaften in einem Zeitalter der Vielfalt." Eine Bestätigung, dass der Turm tatsächlich gebaut wird, steht allerdings noch aus. *mz*

Meeresbiologie
Schutz für „Meeresautobahn"

Ein 700 Kilometer langer „Unterwasserhighway" voller Schildkröten und Haie soll zwischen den Galapagosinseln und der unbewohnten Kokosinsel vor Costa Rica unter Schutz gestellt werden. Das fordern Forscher des MigraMar, eines Zusammenschlusses von Wissenschaftlern und Umweltschützern in Mittel- und Südamerika. Tierarten wie Wal- und Hammerhaie sowie Meeresschildkröten suchen in dem Korridor nach Nahrung und Orten, an denen sie sich fortpflanzen und ihren Nachwuchs aufziehen können. Doch die Populationen gehen zurück, wie Satelliten- und Ultraschalldaten getrackter Tiere zeigen. Denn nur die Inseln und ihr Umkreis stehen unter Naturschutz, nicht aber der „Superhighway" selbst, wie die Forscher die Meeresstraße nennen. „Der Schutz der Hotspots rund um die Inseln reicht nicht aus", sagt Alexander Hearn, Biologieprofessor an der privaten

Vor 135 Jahren

Erste Fischauktion in Deutschland

4000 Pfund Fisch hat der Fischdampfer „Solea" an Bord, als er am 19. November 1886 Kurs auf Hamburg nimmt. Es ist ein besonderer Arbeitstag für die Crew. Denn sie weiß: Der komplette Fang der „Solea" soll am nächsten Tag versteigert werden. Das hat es im Deutschen Reich zuvor noch nicht gegeben. Eigentümer des Trawlers ist der Kaufmann Johann Hinrich Köser. Der Obstexporteur hatte in England das Fischauktionswesen kennengelernt und im Hamburger Senat eine Lizenz als Auktionator ergattert. Am 20. November 1886 führt er die erste Fischauktion auf deutschem Boden durch: im Hafen von St. Pauli. Bisher waren sogenannte Reiseaufkäufer auf kleinen Schiffen den Fangschiffen auf der Elbe entgegengesegelt und hatten ihnen Teile des Fangs abgekauft. Diese Zwischenhändler zahlten aber häufig eine viel zu niedrige Pauschalsumme. Zudem mussten die Fischer den übrig gebliebenen Fang später von Bord aus mühsam Kiste für Kiste verkaufen. Nun aber nimmt der beeidigte Auktionator die gesamte Ladung auf einen Schlag ab und versteigert sie vor den anwesenden Einkäufern. Die erzielten Preise werden transparent, man erfährt sofort, welcher Fisch gerade welchen Gewinn verspricht. Die Neuerungen führen sofort zu einem steigenden Umsatz. Das benachbarte Altona, das mit Hamburg heftig konkurriert, zieht gleich nach. Im Sommer 1887 bestellt es den Finkenwerder Gastwirt Johann Cohrs zu seinem Auktionator. 1895 baut Altona sich sogar eine eigene, repräsentative Fischauktionshalle. In den 1930er-Jahren werden Altona und Hamburg zusammengelegt, ebenso die beiden Fischmärkte. Bis Ende der 1960er-Jahre hat sich der Fischhandel erneut grundlegend gewandelt, sodass die zwei Hallen nicht mehr gebraucht werden. Auf Initiative der Anwohner wird die Altonaer Fischauktionshalle zu einem bis heute bekannten Veranstaltungsort umgebaut. Die Halle auf Hamburger Gebiet dagegen reißt man kurzerhand ab. Kaum jemand erinnert sich noch an sie. *fk*

Illustration: Ueli Etter

Viel Verkehr: Der Unterwasser-Highway dient Tieren zur Nahrungssuche

Universidad San Francisco in Quito. Er fordert Fischfangbeschränkungen für den gesamten schmalen Korridor zwischen den Inseln samt einer Kette von Unterwasserbergen; es wäre ein Gebiet von 240 000 Quadratkilometern, ungefähr so groß wie Großbritannien. Die Tiere orientieren sich auf ihren Migrationswegen an den Unterwasserbergen aus Lava, die magnetische Signale ausstrahlen. Sie dienten, so Hearn, als „Trittsteine“, als Nahrungs- und Rastplätze während der Reise. *mz*

Wirtschaft

Erdgas im Schwarzen Meer

Recep Tayyip Erdoğan, türkischer Präsident, hat einen neuen Erdgasfund im Schwarzen Meer verkündet. Es handelt sich dabei um ein Vorkommen mit 135 Milliarden Kubikmetern im Gasfeld Sakarya, rund 180 Kilometer vor der türkischen Schwarzmeerküste. Entdeckt hat es das Bohrschiff „Fatih“. Erdoğan sagte, die Türkei wolle die Vorkommen ohne ausländische Hilfe und Finanzierung erschließen. Ziel sei es, die Türkei ab 2023 mit eigenem Gas zu versorgen und sogar Gas zu exportieren. Im gleichen Gasfeld hatten die Türken im August 2020 bereits ein Vorkommen mit 405 Milliarden Kubikmetern entdeckt, es war der bisher größte Fund im Schwarzen Meer. Zurzeit muss das Land einen Großteil seines Energiebedarfs aus Importen decken, vor allem mit russischem Erdgas. Experten halten es für fraglich, ob die Türkei selbst zum Exporteur werden könnte. Tiefseebohrungen seien teuer und die tatsächlichen Fördermengen in der Regel kleiner als anfangs geschätzt. Auch im östlichen Mittelmeer sucht die Türkei nach Erdgas – und streitet sich mit Griechenland und Zypern um die Aufteilung des Seegebiets. Bei der jüngsten Eskalation im Sommer 2020 hatten die Türkei und Griechenland sogar ihre Kriegsflotten aufgefahren. Die beiden Regierungen überzogen sich mit Anschuldigungen bis hin zu Kriegsdrohungen. Kern des Konflikts ist die Frage, wie weit der türkische Festlandsockel im östlichen Mittelmeer reicht. Davon hängt ab, welches Land das Recht auf Ausbeutung der Vorkommen hat. *mz*

Türkische Bohrschiffe am Gasfeld

Tourismus

Verbot von Kreuzfahrtschiffen

Elf Jahre wurde diskutiert, nun ist die neue Regelung in Kraft: Kreuzfahrtschiffe dürfen seit 1. August nicht mehr in Venedigs historisches Zentrum einfahren. Kulturminister Dario Franceschini, der in den vergangenen Monaten innerhalb des Kabinetts in Rom für ein solches Verbot gekämpft hatte, sprach von einem „historischen Schritt“. Bisher gehörten die mehrstöckigen Kreuzfahrtschiffe fest zum Bild der Stadt. Sie passierten regelmäßig den Canale della Giudecca sowie den berühmten Markusplatz. Laut Regierungsbeschluss müssen Schiffe, die länger als 180 Meter sind oder bestimmte Abgasnormen überschreiten, nun vorübergehend am bisherigen Containerhafen von Marghera anlegen. Dort wurden für 157 Millionen Euro temporäre Anlegeplätze gebaut. Zuvor hatte die Unesco gedroht, Venedig auf die Negativliste gefährdeter Welterbestätten zu setzen. Venedig sucht nun bis 2023 mit einem Ideenwettbewerb nach einer dauerhaften Lösung für die Riesenschiffe, also einem Anlegeplatz außerhalb der Lagune. *mz*

Kultur

Container als Galerie

Drei ausrangierte Hochseecontainer bekommen in der Kunstszene eine neue Aufgabe. Das Gießener Street-Art-Kollektiv

„3steps“ entwickelte als Reaktion auf die mangelnden Präsentationsmöglichkeiten während der Coronakrise das Konzept, aus Containern mobile Galerieräume zu bauen, die dann als Open-Air-Ausstellungsfläche genutzt werden. Unter dem Namen „quARTainer“, einer Wortschöpfung aus „Quarantäne“ und „Container“, wird bei den drei Containern die breite Frontseite durch eine Glasscheibe ausgetauscht und der Innenraum mit Elektrik, Dämmung, Isolation und Heizung so ausgebaut, dass sich die Ausstellungen von außen coronakonform besichtigen lassen. In pandemielosen Zeiten könnten sie innen begangen werden. „3steps“ will in Wechselausstellungen immer wieder andere Künstler in die Kunstcontainer bringen, nicht nur in Gießen, sondern deutschlandweit. Kunst müsse unmittelbar erlebt werden können, sagt „3steps“-Künstler Uwe Krieger. „So wie ein gestreamtes Konzert kein Liveerlebnis ersetzt, kann auch das Betrachten eines Bilds am Monitor nur ein schwacher Trost für das echte Werk sein.“ Ein Teil der Finanzierung – 18 000 Euro – kam vom Hessischen Ministerium für Wissenschaft und Kunst, das für den kulturellen Neustart im Bundesland zusätzliche Gelder bereitstellt; den Rest stemmt das Street-Art-Kollektiv über eine Crowdfundingkampagne. Mit dem Städel-Absolventen Deniz Alt wurde vor Kurzem bereits die erste Vernissage gefeiert. *ae*

Ort der Ruhe: Die Seafarers' Lounge bietet Crews einen geschützten Raum

Leben

Zirkuswagen für Seeleute

In der Hamburger HafenCity hat die Deutsche Seemannsmission eine neue Lounge für die Besatzungen von Kreuzfahrtschiffen eröffnet: einen Zirkuswagen, der eigens angefertigt wurde. Die „Seafarers' Lounge“ bietet Crews, die in Hamburg Station machen, Unterstützung, Seelsorge und Beratung an. An allen drei Hamburger Kreuzfahrtterminals gibt es solche geschützten Räume. „Unser Zirkuswagen ist aber ein Hingucker – mit den Bullaugen und so, wie er mit Blick auf die Elbe und direkt an der Kaikante steht“, sagt Olaf Schröder, verantwortlicher Seemannsdiakon. In dem Wagen können Crewmitglieder – die meisten stammen von den Philippinen, aus Indonesien oder Indien – einkaufen, zum Beispiel Nudelsuppen, Kokosnusswasser oder Hygieneartikel. Es ist auch möglich, zu skypen oder zu telefonieren. Demnächst soll hinter dem Zirkuswagen zudem ein Cafégarten mit Blick auf die Elbe entstehen. Zielgruppe sind Seeleute, „die durch die Arbeit an Bord belastet sind, durch Übermüdung, Heimweh, wenig Privatheit. In der Lounge finden sie eine Auszeit“, erklärt Schröder. Für Landgänge sei nur wenig Zeit. Deswegen sei es wichtig, dass die Lounges, auch mobile wie der Zirkuswagen, direkt vor Ort in den Terminals zu finden sind. Die Baukosten von 56 000 Euro haben die International Transport Workers' Federation und das Hamburger Spendenparlament getragen. *mz*

Archäologie

Galeere in Ägypten gefunden

Archäologen haben bei Unterwasserausgrabungen vor der Mittelmeerküste Ägyptens Teile eines alten Militärschiffs entdeckt. Die 25 Meter lange Galeere, ursprünglich mit Rudern und einem Segel ausgestattet, könnte vor mehr als 2100 Jahren gesunken sein, teilte das Antikenministerium in Kairo mit. Die Forscher hatten die Überreste der Galeere vor der Mittelmeerküste in der versunkenen antiken Stadt Herakleion, auch Thonis genannt, geborgen. Vermutlich wurde das Schiff bei einer Naturkatastrophe von Steinblöcken des nahen Amun-Tempels getroffen, woraufhin es sank. „Durch seine geografische Lage war es [Thonis-Herakleion, *die Red.*] unter der Herrschaft der Pharaonen der wichtigste Handelshafen mit den griechischen Meeren und das Zentrum zur Beobachtung ausländischer Schiffe“, berichtet das Europäische Institut für Unterwasserarchäologie, das die Ausgrabungen in der Bucht von Abukir bei Alexandria geleitet hat. Wie bedeutend das am Nildelta gelegene Thonis-Herakleion einst war, zeigt die Masse archäologischer Funde in der Bucht: mehr als 700 antike Anker und 16 Wracks aus dem sechsten bis zweiten Jahrhundert v. Chr. Die Überreste Herakleions liegen, ebenso wie die der Städte Kanopus und Menouthis, heute in rund zehn Meter Tiefe. Die antiken Orte waren vermutlich infolge mehrerer Erdbeben versunken. Über 200 Jahre behielt Thonis-Herakleion seine herausragende Stellung als wichtigster Seehafen Ägyptens, bis Alexander der Große im Jahr 331 v. Chr. die nach ihm benannte Stadt Alexandria errichten ließ. *mz*

Illustration: Ueli Etter

Impressum

mare

VERLEGER
UND CHEFREDAKTEUR
Nikolaus Gelpke (V.i.S.d.P.)

STELLVERTRETENDER CHEFREDAKTEUR
TEXTCHEF
Karl Spurzem
spurzem@mare.de

ART DIRECTOR
Nadja Zobel
zobel@mare.de

PHOTO DIRECTORS
Barbara Stauss, Petra Koßmann,
Anastasia Hermann
stauss@mare.de, kossmann@mare.de,
hermann@mare.de

REDAKTION LEBEN/POLITIK
Dimitri Ladischensky
ladischensky@mare.de

REDAKTION
WIRTSCHAFT/WISSENSCHAFT
Jan Keith
keith@mare.de

REDAKTION KULTUR
Zora del Buono, Martina Wimmer
delbuono@mare.de, wimmer@mare.de

REDAKTION ONLINE
Wiebke Böse
boese@mare.de

LEITUNG MARKETING/KOMMUNIKATION
Jan Lehmköster
lehmkoester@mare.de

VERTRIEBSLEITUNG
Karin Trommer
trommer@mare.de

BUCHHALTUNG
Nicole Steinhauser
steinhauser@mare.de

ORGANISATION
Eva Grünert
gruenert@mare.de

SATZ/LITHOGRAFIE
Andrea Best
best@mare.de

KORREKTORAT
Susanne Feyke

DRUCK
Druckhaus Kaufmann

VERTRIEB
Stella Distribution GmbH
ISSN 1432-928X
ISBN 978-3-86648-437-5

ABONNEMENTVERTRIEB
QS Quality Service GmbH

ANSCHRIFTEN

Redaktion und Verlag
mareverlag GmbH & Co. oHG
Sandthorquaihof
Pickhuben 2, 20457 Hamburg
Telefon 040/36 98 59-0
Fax 040/36 98 59-99
mare@mare.de, www.mare.de

Redaktionsbüro Berlin
Hagelberger Straße 53/54
10965 Berlin
Art Direction: Telefon 030/612 86 154
Photo Direction: Telefon 030/617 027 34
Redaktion Kultur: Telefon 030/612 806 93
Fax 030/612 806 94

ABONNEMENTSERVICE

mare-Service
Postfach 11 10 11, 20410 Hamburg
service@abo.mare.de
Telefon +49/(0)40/3007-3536, Fax -853536
Jahresabonnement: 60 Euro
Studentenabonnement: 54 Euro

mare ist stets erhältlich im
Bahnhofs- und Flughafenbuchhandel.

mare erscheint im mareverlag
GmbH & Co. oHG, HRA 90234,
PHG: Dreiviertel Verlag GmbH,
HRB 63029, Nikolaus Gelpke

ANZEIGEN

ANZEIGENLEITUNG mare
Anke Wiegel
Speersort 1, 20095 Hamburg
Telefon 040/3280-345
anke.wiegel@zeit.de

LIFESTYLE
Rudigier Consulting
Telefon 089/3742 6655
Mobil 0160/9094 9098
Steinbacherstraße 8, 81675 München
patricia@rudigier-consulting.com

INTERNATIONAL
iq media marketing gmbh
Gerda Gavric-Hollender
Telefon 0211/887-2343
Toulouser Allee 27, 40211 Düsseldorf
gerda.gavric-hollender@iqm.de

ClimatePartner
klimaneutral
Druck | ID 11061-1707-1001

mare wird klimaneutral hergestellt und
an die Abonnenten in einer
kompostierbaren Biofolie versendet.

BILD- UND TEXTNACHWEISE

Bildnachweise

(l.: links; r.: rechts; M.: Mitte; o.: oben; u.: unten)

Titel: James Balog, Earth Vision Institute; S. 5: Mathias Bothor/Photoselection; S. 6 v.o.l.n.u.r.: Luana Rigolli; Wayne Miller/Magnum Photos/Agentur Focus; Stephan Vanfleteren; INTERFOTO/Mary Evans; Anna Domnick; Nicola Lo Calzo; © Archivio Eleonora Duse, Istituto per il Teatro e il Melodramma, Fondazione Giorgio Cini, Venezia; S. 8/9: mare/Illustration: RB+MKB-Deskkart, Hamburg; S. 12–26: Luana Rigolli (Die Abbildungen der Dokumente und die Porträts wurden den vom Italienischen Innenministerium erstellten und im Italienischen Zentralen Staatsarchiv verwahrten Dossiers entnommen. Veröffentlichung unter der Genehmigungsnummer 1642/2021); S. 28 (Karte): Peter Palm, Berlin; S. 31: © Georgia O'Keeffe Museum [2006.5.88]/VG Bild-Kunst, Bonn 2021; S. 32–40: Wayne Miller/Magnum Photos/Agentur Focus; S. 43: privat; S. 44: John Severson, surferart.com; S. 47 und 48 (alle): © LeRoy Grannis, Courtesy of M+B Gallery, Los Angeles; S. 50: Stephan Vanfleteren; S. 52/53: www.antique-prints.de; S. 54: INTERFOTO/Mary Evans; S. 57: Severin Wohlleben; S. 58–60: Anna Domnick; S. 61: Anna Domnick/Sepp Kipfstuhl; S. 64: Anna Domnick/Alfred-Wegener-Institut; S. 65: Anna Domnick; S. 67 (Hintergrund): mauritius images/Thorsten Marquardt; S. 68/69: NASA/JPL-Caltech; S. 70: NASA/Bill Ingalls; S. 71 o.: NASA/JPL-Caltech/Airbus DS GmbH; S. 71 u.: NASA/JPL-Caltech; S. 72/73: Photographer: Siems & Lindegaard, 1888/Owner: National Library of Norway; S. 74 (Karte): National Library of Norway (Online: http://runeberg.org/nfgronland/); S. 75–78: National Library of Norway; S. 81 (Illustration): Orlando Hoetzel; S. 82–91: Nicola Lo Calzo; S. 92 (Karte): Peter Palm, Berlin; S. 94: © Archivio Eleonora Duse, Istituto per il Teatro e il Melodramma, Fondazione Giorgio Cini, Venezia; S. 95: Heritage-Images/National Museum of Wales/akg-images; S. 96 und 97: © Archivio Eleonora Duse, Istituto per il Teatro e il Melodramma, Fondazione Giorgio Cini, Venezia; S. 98: © Mondadori Portfolio/Bridgeman Images, S. 99: © Archivio GBB/CONTRASTO/laif; S. 100 o.: Koch Media; S. 100 u.: © National Library of Scotland; S. 101: Pléiades Satellite Image, © 2015 CNES/Distribution Airbus DS; S. 103: Ursula Schulz-Dornburg; S. 104: Online: https://de.wikipedia.org/wiki/Nikolai_Andrejewitsch_Rimski-Korsakow (Stand: 18.08.2021); S. 107 (Porträt): Mathias Bothor/Photoselection; S. 111 und 112: Aero Enterprise GmbH; S. 114/115: Library of Congress, Geography and Map Division, Washington (Control Number 2003626426); S. 116: ÖNB/Wien/NB 537.134-B; S. 120: plainpicture/Minden Pictures/Tui De Roy; S. 121 (Kasten): © Nolde Stiftung Seebüll; S. 121 o.: Franziska Gilli/laif; S. 124–127 (Illustration unten): Ueli Etter; S. 124 o.: COWI, ARKITEMA, Tredje Natur (Dritte Natur); S. 124 u.: © Grafik_J. Brugger; S. 125 (Kasten): SHMH – Altonaer Museum, Inventarnummer 2-1478a; S. 126 o.: Andy Mann/Waitt Foundation/Pacifico; S. 126 u.l.: Kriki/Christian Groß; S. 126 u.r.: picture alliance/AA/Celal Gunes; S. 127: picture alliance/dpa/Marcus Brandt; S. 128: Heike Ollertz/Agentur Focus; S. 129: Jérome Gerull/plainpicture; S. 130: Stephan Storp; Heftrücken: Conny Bangert.

Textnachweise

S. 14, 15, 24, 27 und 28: Die zitierten Briefe entstammen den Dossiers aus dem Italienischen Zentralen Staatsarchiv. Die Übersetzungen besorgte Zora del Buono;
S. 30 l.: Miek Zwamborn, „Algen. Ein Porträt", Naturkunden Nr. 51, herausgegeben von Judith Schalansky, Matthes & Seitz, Berlin, 2019;
S. 30 r.: H. C. Artmann, „gedichte von der wollust des dichtens in worte gefaßt", Residenz Verlag, Salzburg/Wien, 1989.

Der Abonnementauflage von mare sind Beilagen von Arte Magazin und Plan International hinzugefügt. Wir bitten um freundliche Beachtung.

Vorschau

mare No. 149

ab 23. November im Zeitschriften- und Buchhandel

Dezember 2021/Januar 2022

Glück und Pech

Ein Sturm, der knapp vorbeizieht oder einen doch mit voller Wucht trifft – Glück und Pech liegen auf See oft nah beieinander. Wir widmen uns einem Fischerdorf, das im Lotto gewann, einer Frau, die drei Schiffsunglücke überlebte, und einem Segler, der seinen Sieg verspielte.

Weitere Themen im Heft

Norwegens Eisbrecher
Der Eisbrecher „Svalbard“ ist das erste norwegische Schiff, das den Nordpol erreichte. Ein Besuch an Bord.

Schiffsrecycling
Jährlich werden Zehntausende Freizeitsegelschiffe ausrangiert. Doch wie werden sie fachgerecht entsorgt?

Paddelpionier Oskar Speck
Er paddelte um die halbe Welt: 1932 startete Oskar Speck in Ulm seine Reise nach Australien – in einem Faltboot.

Der Hamburger Künstler Stephan Storp deutete für mare Jamie Cullums Song „All at Sea", eine Liebeserklärung am Strand. Der 1979 im englischen Essex geborene Singer-Songwriter und Multiinstrumentalist, Sohn eines Israeli und einer Burmesin, lernte als Kind autodidaktisch Klavier, entdeckte als Teenager den Jazz, wurde während Lehrjahren in Paris zum Pianovirtuosen und studierte neben der Musikkarriere Literatur. Schon sein zweites Album, auf dem „All at Sea" zu hören ist, machte das Wunderkind 2003 zum erfolgreichsten britischen Jazzmusiker aller Zeiten. Seither entwickelt er seine eigenständige, extravagante Fusion von Pianojazz, Crooning und Rock, womit er sein Genre revolutioniert.

mare
Die Zeitschrift der Meere

Hausnachrichten No. 96 Oktober/November 2021

Exklusiv für mare-Abonnenten

Im Rückblick: Luana Rigolli

Geheimes Band

In Sizilien wurden während des faschistischen Regimes Benito Mussolinis Hunderte Männer festgenommen und auf die Insel San Domino, etwa 700 Kilometer von Catania entfernt, in Verbannung geschickt. Ihr einziges Vergehen: Homosexualität. Unter allen italienischen Provinzen ragte Catania durch die Zahl der Festnahmen heraus. Die 45 hier inhaftierten Männer wurden *arrusi* oder *jarrusi* genannt.

Es war nicht einfach, eine Geschichte fotografisch zu erzählen, deren Protagonisten alle tot sind, aber von dem Moment an, als ich mich entschloss, mich mit dieser Geschichte zu beschäftigen, passierten viele Zufälle; sie machten mir klar, dass ich weiterforschen musste.

Meine erste Station war Catania, wo ich die Treffpunkte der *arrusi* vor der Haft fotografieren wollte. Ich ging hin, ohne einen einzigen Kontakt zu haben. Einige Stunden nach meiner Ankunft fand ich mich durch Zufall im Haus eines jungen Mannes wieder, der diese traurige Geschichte kannte. Er wollte und schaffte es, die Wohnung über dem ehemaligen Ballsaal an der Piazza Sant'Antonio zu kaufen, ein Treffpunkt für die *arrusi* und ihre Liebhaber und ein Ort, an dem viele von ihnen in der Nacht zum 13. Februar 1939 verhaftet worden waren. Ich war genau am richtigen Ort! Meine Zufallsbekanntschaft ist jetzt ein guter Freund von mir, und wir haben uns mehrmals gefragt, ob diejenigen, die zur Zeit des Faschismus dort lebten, vielleicht über dem Ballsaal auf dem Balkon gesessen sind, um das Kommen und Gehen zu beobachten, und unsere 45 *arrusi* erblickt haben mögen.

Der gleiche Glücksfall ereignete sich in San Domino, wo ich die Haftorte fotografierte. Ich kam im November an. Die Besitzerin der gemieteten Wohnung war neugierig und fragte mich, warum ich auf der Insel sei. Ich sagte ihr, wonach ich suchte. Sie brachte mich sofort zu Attilio Carducci, der 1939 zwölf Jahre alt gewesen war und sich an die Eingesperrten aus Catania erinnerte. Attilio ist der einzige mir bekannte Mensch, der in den Jahren des Faschismus Kontakt zu den *arrusi* hatte.

Als ich schließlich im Zentralen Staatsarchiv in Rom recherchierte, um die Namen und Dokumente dieser 45 Personen zu finden, entdeckte ich plötzlich, dass einer der *arrusi* den gleichen Nachnamen trug wie meine Großmutter mütterlicherseits, die nicht weit weg von Catania lebte. Selbst jetzt frage ich mich, ob dieser Mann eine Verbindung zu meiner Familie hat. Ich weiß nicht, ob ich es jemals erfahren werde, aber mir gefällt der Gedanke, dass er meine Recherchen irgendwie gesteuert und mir die richtigen Hinweise in den Weg gelegt hat.

Luana Rigolli,
„Die Verdammten von Catania“,
Seite 12

Knapp verpasst

Als ich Mitte der 1970er-Jahre mit dem Surfen begann und Greg Noll die Szene längst verlassen hatte, waren hundert Bretter in Malibu bei gutem Wellengang keine Seltenheit. Also ging ich woanders hin. Zum Beispiel fuhr ich die Küste von L.A. nach San Diego entlang, auf der Suche nach einem geeigneten Spot. Doch statt leerer Strände – wie von Surfern aus den 1950er- und sogar 1960er-Jahren beschrieben – gab es Wohnsiedlungen überall und Strände mit beschränktem Zugang. An bestimmten Stränden wurde der Zugang zu den Wellen außerdem durch bösartige „Locals“ eingeschränkt, die ihre Wellen gegen Außenseiter verteidigten, was es früher auch nicht gegeben hatte. Damals waren genug Wellen für alle da gewesen. Dieses Übermaß führte in jenen Tagen nicht zur Feindseligkeit, sondern zu einem Gefühl der Kameradschaft. Manche behaupteten gar, dass Autos, die mit Surfbrettern auf dem Dach aneinander vorbeifuhren, einander zuwinkten, was ich in meinem ganzen Surfleben nie getan habe. Wenn mir ein Auto gewunken hätte, hätte ich ernsthaft gedacht: *Wollen die mich verarschen?*

Erzählen Sie mir nicht, es gebe keine Höhen und Tiefen in der Geschichte des Surfens – dass es nur verärgerte alte Knacker gibt, die auf eine frühere Zeit zurückblicken, als sie selbst noch jung und vital waren. ➢

Wir *waren* damals jung und vital, und Surfen war das Beste überhaupt. Doch war da auch dieses untrügliche Gefühl, dass die Ära von Noll und seinen Zeitgenossen besser war und du es einfach leider gerade verpasst hattest – „you just missed it", wie Surfer immer noch zu sagen pflegen, wenn man an einen Break heranfährt, der in den letzten Tagen gebrannt hat und jetzt flach wie ein See ist.

Ich muss Noll also zustimmen, dass mit Beginn der 1970er-Jahre im Vergleich zu seiner Glanzzeit alles den Bach runterging. Aber vielleicht fing der Niedergang schon viel früher an. In den 1930er-Jahren hat der große Surffotograf LeRoy Grannis regelmäßig in Malibu gesurft. Nachdem er 1945 aus dem Militärdienst entlassen worden war, fuhr er mit einem Kumpel mal wieder nach Malibu, und sie sahen acht oder zehn Bretter im Wasser. Grannis wandte sich an seinen Freund und sagte: „Der Ort ist ruiniert."

Kevin McAleer,
„Der Bulle und die Wellen",
Seite 44

Fester Boden

Seit gut zwei Jahren schreibe ich alle zwei Monate die Meldungen für den „Ausguck". Für mich sind das kleine Goldstücke aus der Schatzkiste der Meeresforschung. Als Journalist lernt man schon früh, Kurznachrichten zu schreiben. Meist klappert man solche „Meldungen" schnell runter. Beim „Ausguck" ist das anders. Jeder Text erzählt eine spannende Forschungsgeschichte, und ich sehe zu, dass ich die Wissenschaftler zumindest kurz am Telefon spreche, um mehr über die Projekte zu erfahren.

Wenn die Forscher von ihren Schiffsexpeditionen erzählen, denke ich oft an meine eigenen Ausfahrten, die ich während des Studiums und später als Biologe gemacht habe. Weiter als bis kurz hinter Helgoland bin ich allerdings nie gekommen. Die ersten Törns während des Studiums gingen zur Tiefen Rinne, einer Senke kurz vor der Insel. Wir warfen Netze aus, bestimmten Fische, Krebse und anderes Getier.

Unser Schiff hieß „Viktor Hensen". Es war als „Kotzschiff" bekannt. Mit seiner Länge von knapp 40 Metern passte es bei Sturm perfekt in die Wellentäler der flachen Nordsee. Damit ritt es den Seegang so richtig ab. Manchen wurde sofort schlecht. Ich war stolz darauf, dass sich mir erst jenseits von Windstärke acht der Magen umdrehte. Wir Studenten hatten davon geträumt, irgendwann mit der „Polarstern" in die Arktis oder Antarktis zu reisen. Nach den Ausfahrten mit der „Viktor Hensen" waren wir alle froh, an wieder Land zu sein.

Nach dem Studium traf ich die „Viktor Hensen" wieder. Ich ging als Gutachter an Bord, um Vögel zu kartieren – in jenen Gebieten, in denen heute die großen Windparks stehen. Zweimal mussten wir bei Sturm draußen „abwettern", weil die Rückreise zum Festland wertvolle Zeit gekostet hätte. Uns war hundeelend. Insofern schreibe ich die „Ausguck"-Meldungen immer mit einer Mischung aus Fernweh und dem Wissen darum, dass es viel wert ist, wenn man festen Boden unter den Füßen hat.

Tim Schröder,
„Ausguck – Neues aus der Meeresforschung", Seite 118

Kern der Sache

Gemeinsam mit Forschern des Niels-Bohr-Instituts in Dänemark nahm ich an einer wissenschaftlichen Expedition zur Mitte des Grönländischen Eisschilds auf 75 Grad Nord teil.

Die Ausstellung, an der ich arbeitete, ist eine umfangreiche Installation, bestehend aus großformatigen Fotografien, die ich vom Inlandeis in Grönland und von Eisbohrkernen des Niels-Bohr-Instituts und dem Alfred-Wegener-Institut gemacht habe, kombiniert mit wissenschaftlich generiertem Bildmaterial aus der Arbeit der Forscher mit dem Eis. Vor der Reise musste ich mir überlegen, welche Ausrüstung ich mitbringen könnte – welche Kamera hält 20 bis 30 Grad minus stand?

Das Gefühl, sich inmitten dieser weißen Landschaft zu befinden, mit Hunderten Kilometern Eis in alle Himmelsrichtungen, ist einzigartig. Wenn sich in der Weite der weißen Landschaft die physischen Grenzen auflösen, alle Sinne auf das Wesentlichste konzentriert sind und das intellektuelle Verständnis über diesen Ort einsetzt, entstehen Fragen über das große Ganze und ein sehr intensiver, selbstreflexiver Prozess.

Anna Domnick,
„Eis der Wahrheit", Seite 58

Zwischen Konzentration und Auflösen: Anna Domnick